美国小学主流科学教材

【美】杰伊·哈克特 等著
张 俊 邓小耶 等译
郝京华 审定

生态系统 3

Ecosystems

浙江教育出版社·杭州

本版特色

- 兼顾授受式学习内容和探究式调查活动。
- 采用5E（Engage参与，Explore探究，Explain解释，Extend/Elaborate拓展，Evaluate评估）研究型教学模式。
- 增加工程和设计版块。
- 培养21世纪技能，如创新创造能力、协作能力、沟通能力、批判性思维与解决问题的能力等。
- 用个性化的生动图像激发学生的学习兴趣。
- 根据知识深度等级体系（Depth of Knowledge，简称DOK）设计评价和测试。

注：原版书中，A单元、B单元表示该内容属于生命科学领域，C单元、D单元表示该内容属于地球与空间科学领域，E单元、F单元表示该内容属于物质科学领域。中文版对此予以保留。

Program Authors

Dr. Jay K. Hackett
Professor Emeritus of Earth Sciences
University of Northern Colorado
Greeley, CO

Dr. Richard H. Moyer
Professor of Science Education and Natural Sciences
University of Michigan-Dearborn
Dearborn, MI

Dr. JoAnne Vasquez
Elementary Science Education Consultant
NSTA Past President
Member, National Science Board and NASA Education Board

Mulugheta Teferi, M.A.
Principal, Gateway Middle School
Center of Math, Science, and Technology
St. Louis Public Schools
St. Louis, MO

Dinah Zike, M.Ed.
Dinah Might Adventures LP
San Antonio, TX

Kathryn LeRoy, M.S.
Chief Officer
Curriculum Services
Duval County Schools, FL

Dr. Dorothy J. T. Terman
Science Curriculum Development Consultant
Former K-12 Science and Mathematics Coordinator
Irvine Unified School District, CA
Irvine, CA

Dr. Gerald F. Wheeler
Executive Director
National Science Teachers Association

Bank Street College of Education
New York, NY

Contributing Authors

Dr. Sally Ride
Sally Ride Science
San Diego, CA

Lucille Villegas Barrera, M.Ed.
Elementary Science Supervisor
Houston Independent School District
Houston, TX

American Museum of Natural History
New York, NY

Contributing Writer

Ellen C. Grace, M.S.
Consultant
Albuquerque, NM

Students with print disabilities may be eligible to obtain an accessible, audio version of the pupil edition of this textbook. Please call Recording for the Blind & Dyslexic at 1-800-221-4792 for complete information.

connectED.mcgraw-hill.com

STEM McGraw-Hill is committed to providing instructional materials in Science, Technology, Engineering, and Mathematics (STEM) that give all students a solid foundation, one that prepares them for college and careers in the 21st century.

Send all inquiries to:
McGraw-Hill Education
8787 Orion Place
Columbus, OH 43240

ISBN: 978-0-02-136122-9
MHID: 0-02-136121-5

Printed in the United States of America.

5 6 7 8 9 10 11 12 QVS 25 24 23 22 21 20 19 18

Content Consultants

Paul R. Haberstroh, Ph.D.
Mohave Community College
Lake Havasu City, AZ

Timothy Long
School of Earth and Atmospheric Sciences
Georgia Institute of Technology
Atlanta, GA

Rick MacPherson, Ph.D.
Program Director
The Coral Reef Alliance
San Francisco, CA

Hector Córdova Mireles, Ph.D.
Physics Department
California State Polytechnic University
Pomona, CA

Charlotte A. Otto, Ph.D.
Department of Natural Sciences
University of Michigan-Dearborn
Dearborn, MI

Paul Zitzewitz, Ph.D.
Department of Natural Sciences
University of Michigan-Dearborn
Dearborn, MI

Editorial Advisory

Deborah T. Boros, M.A.
President, Society of Elementary Presidential Awardees
Second-Grade Teacher
Mississippi Elementary
Coon Rapids, MN

Lorraine Conrad
K-12 Coordinator of Science
Richland County School District #2
Columbia, SC

Kitty Farnell
Science/Health/PE Coordinator
School District 5 of Lexington and Richland Counties
Ballentine, SC

Kathy Grimes, Ph.D.
Science Specialist
Las Vegas, NV

Richard Hogen
Fourth-Grade Teacher
Rudy Bologna Elementary School
Chandler, AZ

Kathy Horstmeyer
Educational Consultant
Past President, Society of Presidential Awardees
Past Preschool/Elementary NSTA Director
Carefree, AZ and Chester, CT

Jean Kugler
Gaywood Elementary School
Prince Georges County Public Schools
Lanham, MD

Bill Metz, Ph.D.
Science Education Consultant
Fort Washington, PA

Karen Stratton
Science Coordinator K-12
Lexington District One
Lexington, SC

Emma Walton, Ph.D.
Science Education Consultant
NSTA Past President
Anchorage, AK

Debbie Wickerham
Teacher
Findlay City Schools
Findlay, OH

The American Museum of Natural History in New York City is one of the world's preeminent scientific, educational, and cultural institutions, with a global mission to explore and interpret human cultures and the natural world through scientific research, education, and exhibitions. Each year the Museum welcomes around 4 million visitors, including 500,000 schoolchildren in organized field trips. It provides professional development activities for thousands of teachers; hundreds of public programs that serve audiences ranging from preschoolers to seniors; and an array of learning and teaching resources for use in homes, schools, and community-based settings. Visit www.amnh.org for online resources.

译 序

一部好教材欲保持其生命力的重要举措就是要不断地与时俱进，要随着社会的变迁、学术的进步不断地吐故纳新。浙江教育出版社引进出版的《科学启蒙(第二版)》就是这样的一部好教材。

比较这套教材的两个版本，不难发现，第一版显然依据的是1996年美国颁布的科学教育标准。1996年的科学教育标准有三个重要特点：(1)明确科学教育的目标是培养所有学生的科学素养（美国曾经有过把培养科学家作为科学教育培养目标的历史）；(2)强调要把科学本身的实际做法，即科学探究也作为科学教育的内容；(3)将科学课程的内容按“生命科学、物质科学、地球与空间科学”三个领域加以划分。第一版的《科学启蒙》较好地落实了课程标准的这些理念。

第二版依据的是美国2013年颁布的《新一代科学教育标准（NGSS）》。和1996年课程标准相比，2013年的标准有三个显著变化。(1)将科学探究扩充为“科学与工程实践”，明显强化了运用科学概念解决实际问题能力的培养。(2)强调科学大概念。标准提出了判断大概念的4个原则：①具有学科的意义，具有跨越多个学科领域的广泛的重要性，或者是本学科中组织相关知识的关键概念；②具有解释力，能解释许多现象；③具有生成性，能为理解和探究更多的概念和解决问题提供关键的工具，与社会、家庭相关；④能从幼儿园到高中螺旋上升。(3)强调了学科间的融合，不仅是科学、技术、工程、数学的融合，还有科学、语文、数学的融合。

第二版的《科学启蒙》教材真的是在与时俱进。首先，它在继续强调科学探究的同时，大大强化了工程设计部分，不仅在各领域各章节中增加了运用相关知识解决实际问题的机会，还在“做一名科学家”版块增添了有关工程设计的“聚焦技能”。第二，在强调科学大概念方面，教材不仅在各章节都有科学大概念的明确标示，还在各章结尾之处增加了科学概念和技能的测评。第三，在学科融合方面，教材不仅强化了科学阅读（包括文和图）和科学写作的指导，还强化了数学意识和能力的培养。

《科学启蒙》这套教材还有一个突出的亮点就是它精彩的图片。大量有视觉冲击力的照片和灵动的排版为教材增色不少，让人爱不释手。

它山之石，可以攻玉。中国正在进行着课程改革，也正在努力地缩短与发达国家在教育上的差距，引进国外好的教材不失为一种有效的捷径。不同的群体都可以从《科学启蒙》这套教材中获益。它为教材编写者提供了一个如何将内容与活动结合的范例，它给予科学教师教学活动设计的启迪，它为语文老师提供了如何指导学生科学阅读和科学写作的策略，就连出版社也可以从中获得科学教材排版方面的启示。除此，作为一套学生的科学阅读的材料，它也是一个不错的选择。

只有站在巨人的肩膀上我们才可以实现弯道超车，才可以追赶上发达国家，才可以实现伟大的中国梦！国家如此，科学教育亦然，让我们共同努力！

小学科学课程标准研制组组长、修订组副组长
南京师范大学教科院教授 郝京华

生命科学

目录

Contents

做一名科学家

B 单元　生态系统

探究活动

第1章　生态系统中的生物

第2章　生态系统中的变化

扫一扫，码上获取
更 多 学 习 资 源

做一名科学家

变色龙会通过改变体色来进行交流。

科学方法

看一看，想一想

马达加斯加岛位于非洲，是距离非洲大陆不远的一个热带岛屿。在马达加斯加岛上分布着地球上绝无仅有的动物和植物！住在热带岛屿上会是什么样的体验？你觉得你会在那儿发现什么呢？

探 索

关于生活在马达加斯加的动物，你知道些什么？

- 你会如何在自然栖息地里找动物？
- 你能在森林里找到什么动物？
- 生活在森林里的动物需要具备什么能力？
- 科学家是如何找到这些问题的答案的？

克里斯·瑞斯沃茨

波勒·拉扎菲

有两位科学家，克里斯·瑞斯沃茨和波勒·拉扎菲，主要研究生活在马达加斯加的动物。他们同时为纽约的美国自然历史博物馆和马达加斯加的塔那那利佛大学工作。

科学家做什么？

克里斯和波勒想在马达加斯加寻找一些生活在那里的令人惊奇的动物。马达加斯加的大部分地方从未被科学家探索过，近几年那里持续有新发现的动物物种。

科学方法是科学家调查世界时所使用的方法，科学家使用科学方法来寻找大自然问题的答案。

目前，克里斯和波勒在研究一种叫作大马达加斯加变色龙的蜥蜴。克里斯在森林里发现并研究这种变色龙，他想知道这种变色龙还在哪些地方生活。

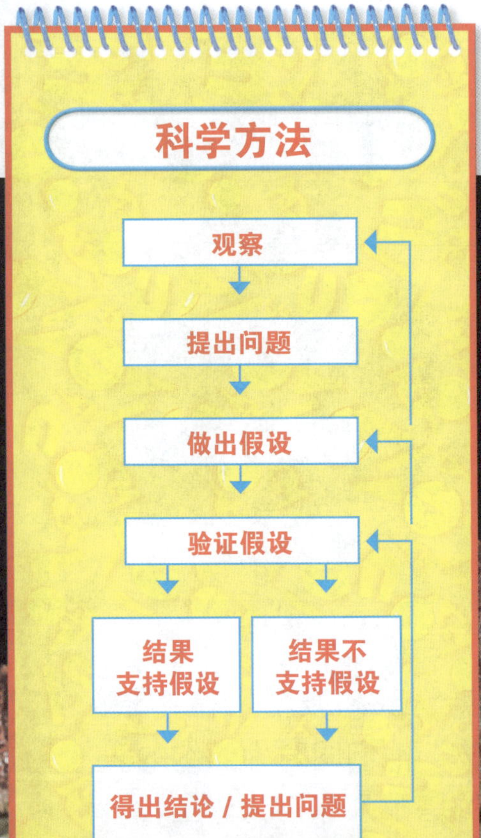

◀科学方法是所有科学家在研究各类问题时都会运用的方法。但是，他们可能不会用到所有步骤，有时步骤的顺序也会不同。

克里斯知道，变量（如温度或降雨）会影响动物的生存。变量是一种可能会使研究结果发生改变的因素。因此，他根据之前所收集的信息做出了假设。假设是一种有待验证的说明，做出假设是为了得到问题的答案。

克里斯的假设是：如果一个地方的温度在 10 ～ 40℃，每年降水量在 500 ～ 1500 mm，那么大马达加斯加变色龙便可在那里生活。

做出假设

1. 提出多个“为什么”的问题。
2. 寻找重要变量之间的联系。
3. 尝试解释这些联系。

▶ 确保这些解释能够被验证。

▼ 大马达加斯加变色龙

科学家如何验证假设？

大马达加斯加变色龙大约有一根香蕉那么大，并不算小，但在茂密的森林中其实很难发现它们——它们实在太善于隐藏自己了。马达加斯加当地人说："别浪费时间寻找变色龙了，你永远也找不到它们的。"

那么，克里斯和波勒应该去哪儿寻找变色龙呢？为了找到它们，他们研究了温度和降水量的相关数据。他们把数据输入电脑，绘制了一幅地图。电脑把所有可能出现变色龙的区域都标注成黄色，这些区域和已发现变色龙的区域的温度和降水量相似。克里斯预测，他们如果到这些区域去寻找，就很有可能找到大马达加斯加变色龙。

▲图上的紫色圆点是已发现大马达加斯加变色龙的地方。黄色区域是克里斯和波勒认为有可能找到这种变色龙的地方。

◀夜晚，克里斯会使用头灯来寻找变色龙。

克里斯和波勒选择到地图上的黄色区域寻找变色龙。他们在这些地方收集数据，想以此来验证他们的假设。他们采用的方法，其他科学家也可以使用，这样其他科学家也可以来验证克里斯和波勒的结果。

“我们使用头灯在夜晚寻找变色龙。夜晚它们会睡觉，这样更方便我们寻找。”克里斯解释道，“我们在树枝上寻找颜色较浅的逗号形状。”一旦克里斯和波勒找到了一只变色龙，他们会拍下照片并做好详细的笔记。他们在野外日记中记录准确的日期、时间和地点。

验证假设

1. 仔细思考不同的数据，确定哪些可以用来验证你提出的假设。
2. 选择最有效的方法搜集数据。
   - **实施实验**（在实验室里）
   - **观察真实环境**（在自然界）
   - **建立和使用模型**（在电脑上）
3. 制订实验计划，收集数据。

▶ **确保你的实验能被其他人重复。**

无论发现的是大马达加斯加变色龙还是其他种类的变色龙，克里斯和波勒都会认真记录下数据。

克里斯的野外日志

2018年4月9日

安博伊波拉森林

日降雨量：15mm。

温度：20～34℃。下午大雨。

这片落叶林有一些大树和砍伐后留下的树桩，森林边缘被烧毁了。森林中常有人在狩猎。森林中的小溪大多在冬季干涸。

大马达加斯加变色龙
(Furcifer oustaleti)
上午10:45，在有少量树木的草地上找到的。同时发现的还有17枚蜥蜴蛋，蛋的大小约为14 mm×8 mm。

马达加斯加日壁虎
(Phelsuma madagascariensis)
上午11:30，
在小溪边的树丛中发现的。

分析数据

1. 把数据整理成概念图、表格、地图或组图等。
2. 寻找数据中的规律。这些规律能够显示假设中的重要变量如何相互影响。

▶ 将所得数据与其他来源的数据进行比较，以此来检查数据。

科学家是如何分析数据的？

在验证假设的过程中，重要的一环是从收集到的数据中寻找规律。克里斯和波勒对他们收集到的数据进行了研究，这些数据都是他们在寻找蜥蜴的过程中收集的。他们在地图上标注出6个新发现大马达加斯加变色龙的地方。接着，他们开始尝试从数据中寻找规律。

他们集中讨论新发现大马达加斯加变色龙区域的温度和降水量。

科学家是如何得出结论的?

克里斯和波勒在预测区域找到大马达加斯加变色龙了吗？找到了！结果支持了他们的假设。符合一定温度和降水量条件的地方，就可能会有大马达加斯加变色龙栖息。

克里斯和波勒发布了他们的研究结果，以便别人能够从中学习。了解变色龙的栖息地，有利于科学家保护它们的家园。“这有利于生物学家为马达加斯加制订生物保护计划。”波勒说道。

▼马岛缟狸

克里斯和波勒的结论又让他们想到了新的问题：还有哪些其他变量会影响大马达加斯加变色龙的生存呢？这几页中出现的动物都生活在马达加斯加。科学家也能按照同样的科学方法研究这些生物吗？在马达加斯加岛，哪里动植物最密集？新的问题能够引出新的假设，并激发人们对新事物的好奇。深入了解生活在马达加斯加的动物，人们就可以更好地制订计划来保护它们。

得出结论

1. 判断这些数据是否能够清楚地支持或反对假设。
2. 如果结论不明确，回想一下假设是如何被验证的，并制订一个新计划。
3. 写下结论，与他人分享。

▶ 一定要提出问题。

想一想，说一说，写一写

1. 为什么科学方法对科学家的研究有着举足轻重的作用？
2. 对于这些动物你还有什么问题？选择其中一种，并提出可被验证的假设吧。

▼ 千足虫

环尾狐猴 ▶

科学技能

科学家在运用科学方法时，还用到了许多技能。通过使用这些技能，科学家可以更好地收集信息，回答他们对于周围世界的问题。以下是他们用到的一些技能。

海星

观察 运用感官来了解事物或现象。

做出假设 做出能够回答某个问题的说明，这种说明能够被验证。

交流 和他人分享信息。

分类 根据事物的特点、种类或性质等进行分组。

运用数字 用排序，计数，加、减、乘、除等数学方法来解释数据。

制作模型 模型可以用来展示物体的外观或工作原理。

蜥蜴

金鱼

甲壳虫

动物	我观察到的

▲观察这两页的动物，并绘制表格交流你的观察结果。

刺猬

鹦鹉

蜻蜓

使用变量　分析出可以改变某个实验结果的条件。

解释数据　使用收集到的信息来回答或解决问题。

测量　弄清楚事物的大小、距离、体积、面积、质量、重量、温度等。

预测　预先推测事件或实验的可能结果。

推理　从事件或观察中形成一个想法。

实验　为验证假设而进行一些活动或操作。

蜗牛

动物幼崽

动物	动物幼崽的平均数量
甲壳虫	75
海星	2000000
蜥蜴	14
刺猬	4
羚羊	1

▲用这张表格推测动物的大小是如何影响动物幼崽的数量的。

探究技能培养

在本书的每一章中，你都会看到一个“聚焦技能”专栏。这个专栏会帮助你培养科学家所需要的技能。

羚羊

聚焦技能

科学和技术：设计过程

你发明过什么东西吗？如果有，你一定运用过**设计过程**！工程师利用设计过程来发明创造。

▶ 学习

你可能已经运用过**设计过程**了。你首先要确定一个问题，接着要想出几个可能的解决方案。

有时候，解决方案可能难以实施，它可能耗费太多或材料难以获得。有时候，解决方案可能会出现意料之外的麻烦。有时候，解决方案完全事与愿违。这也就是设计过程需要检验的原因。

▶ 尝试

丽丽做了一个指示牌来告诉大家有关学校野餐的事情。她把指示牌贴在户外，但是被风吹走了。

请帮助丽丽就如何不让指示牌被风吹走这个问题设计三个解决方案。阐述方案并作图。得到老师的认可后，开始检验你的设计。

▶ 应用

解释**设计过程**是如何改善你的生活、你家人的生活和你社区的生活的。

创意设计策略

弗兰德想更换他的自行车轮胎，却不小心将螺栓掉到了下水道里！现在，他无法换轮胎了，他要先找回螺栓。

确定问题

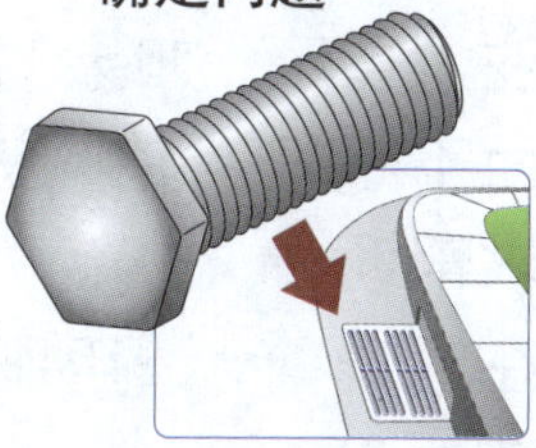

设计解决方案

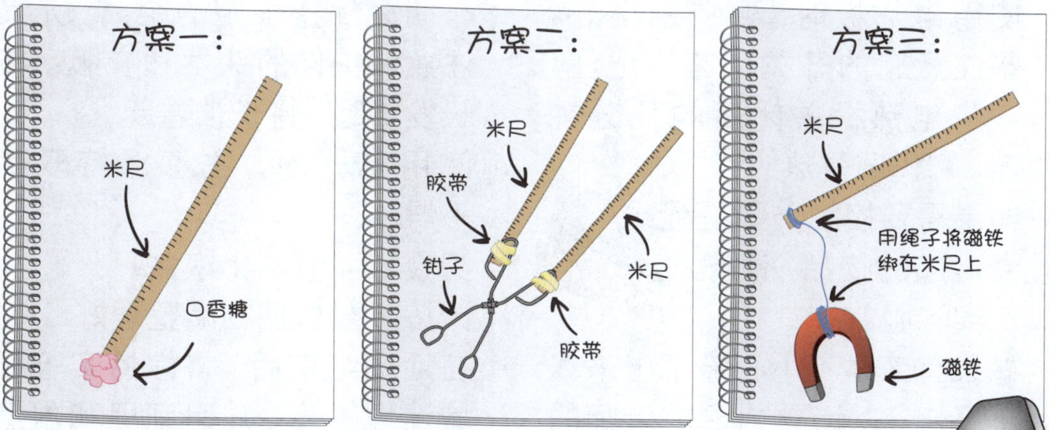

看一看上面的解决方案。弗兰德没有磁铁，没有钳子。但是，他有口香糖。他用一根扁平的棍子代替米尺去尝试实施方案一。方案一成功了！

检验

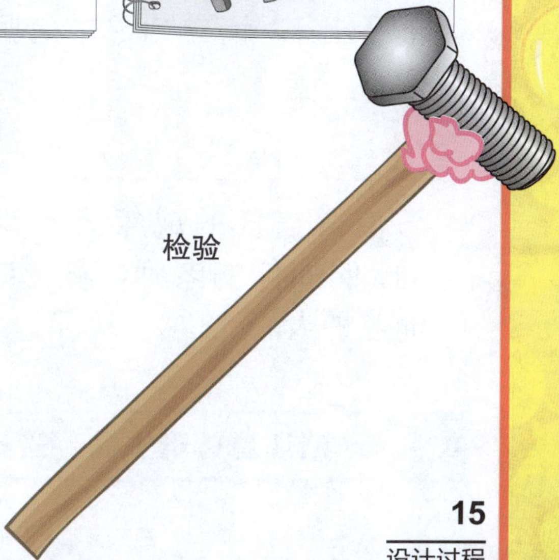

安全提示

室内

- 阅读并理解所有的指导说明。当你看见“△小心”的时候，一定要遵守操作规范。
- 仔细听老师特别说明的注意事项，如果对某些方面不是很清楚，应及时寻求帮助。

- 在活动前，请用肥皂和水清洗双手。
- 使用电热板时，要特别小心。要注意它的开关状态。记住：在将电热板关闭后的几分钟内，它仍旧是热的。
- 如果需要接触一些脏乱或会溅起的物品，请穿上实验服。

- 如果有液体不小心流了出来或溅了出来，请立刻寻求老师的帮助。
- 请按照要求处理废弃物。
- 如果有物品被打碎了，请告诉老师。如果玻璃制品碎了，不要独自处理。

- 当老师要求你佩戴护目镜时，请按要求去做。当你要操作一些可能会飞溅到眼睛里的粉末或液体时，必须戴好护目镜。
- 与明火保持一定的距离，尤其注意保护你的头发和衣服。将长发绑起，将长袖卷起。
- 使用电器时，注意保持双手干燥。
- 实验过程中禁止饮食。
- 请按照要求把物品整理好。
- 在活动结束后，将你的实验区域清理干净，并用肥皂和水清洗双手。

室外

- 与值得信任的成年人一起活动，例如你的老师、家长或其他监护人。
- 在没有得到成年人的允许前，不要触摸动物或植物。动物可能会咬伤你，有些植物可能会有毒。

责任 **请注意尊重生命、爱护环境和你的同伴。**

B 单元

生态系统

猫头鹰可以把脑袋转到后面，看身后的事物。

科学和工程

实践：设计解决方案

你去过动物园或者水族馆吗？如果你去过，就应该看到过生活在不同栖息地中的动物。动物园里的栖息地，其实是人造栖息地，一般会被设计得与动物们的自然栖息地相仿，这样做能帮助它们保持健康。动物园和水族馆还会给动物提供适宜的食物和水。

▶ 学习

在这个活动中，你的团队将要设计并建造一个人造栖息地。这意味着，你们不仅仅要设计，还要将它建造完成，并且能让某种动物真的乐意在那里生活。因此，在开始前，你的团队需要先选定一种动物。

应考虑那些可以在教室中饲养的动物，而非某些太大的动物，比如大象——它需要的栖息地太大了。你们可能还得考虑这种动物是否可以在市场上买到。

◀动物园致力于让动物园里的人造栖息地与动物生活的自然栖息地相仿。

做一些调查来了解你们选择的那种动物的自然栖息地。它们生活的栖息地是什么类型的？了解这类动物的生存需要：吃什么类型的食物？它们需要多少水？是否需要在你们的人造栖息地中加入一些植物？能否建造一个囊括这种动物所需的一切的人造栖息地？

▲这一人造栖息地拥有这些寄居蟹生存所需的一切。

▶ 设计

选定一种动物，收集需要的材料并设计、建造。

记住，动物从它们的栖息地中获取所需的一切。你们所建造的这个人造栖息地必须能够提供它们生存所需的一切。一旦你们认为已经准备妥当，请将选定的动物投放到人造栖息地中。

▶ 应用

每天检查一下人造栖息地的状况：动物仍然拥有所需的一切吗？可能需要修改设计图，不停地对人造栖息地进行改良。每日持续进行观察，不断调整设计，直到该动物已经拥有了生存所需的一切。

现在可以向全班同学展示你们设计的这个人造栖息地了，介绍一下你们的人造栖息地是如何满足这种动物生存所需的一切的。

第1章

生态系统中的生物

生物如何在所处的环境中生存？

大概念

基本问题

第1课

生物是如何相互作用的？

第2课

如何比较不同的生态系统？

第3课

适应如何帮助生物生存？

田鼠在吃树莓。

核心词汇

生态系统 共享同一生存环境并相互作用的生物与非生物构成了生态系统。

生产者 能够自给自足的生物，如绿色植物和藻类。

消费者 以其他生物为食的生物。

气候 一个地区经过多年观察所得到的概括性的气象综合状况。

适应 帮助生物体在其环境中生存的结构或行为。

拟态 一种生物在颜色或形状上模仿另一种生物或非生物。

第1课

食物链和食物网

看一看，想一想

白尾海雕在捕鱼时能以每小时 200 千米的速度飞行，它们主要以各种鱼类为食，有时也会食用海龟、鸭子等其他小动物。那么，你知道其他动物会以什么为食吗？

探究活动

猫头鹰一般吃什么？

目标

通过研究猫头鹰唾余来了解猫头鹰一般吃什么。

活动步骤

1. 和同伴合作。戴上橡胶手套，将猫头鹰唾余放到纸盘上。
2. **预测** 你觉得可能会在猫头鹰唾余中发现什么？写下你的预测。
3. 使用镊子，分离猫头鹰唾余中的物质。
4. **观察** 猫头鹰唾余里有什么？借助放大镜观察并记录你的发现。

⚠ **小心！操作结束后请洗手。**

得出结论

5. **解释数据** 猫头鹰唾余中的物质为你提供了哪些有关猫头鹰吃什么的信息？
6. **推理** 猫头鹰可能以何种生物为食？那些生物又可能以什么为食？

进一步探究

解释数据 记录你一天内吃的东西。你吃的大部分食物都是动植物吗？

材料

橡胶手套

纸盘

猫头鹰唾余

镊子

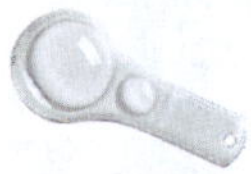

放大镜

步骤 3

读一读，学一学

基本问题
生物是如何相互作用的？

词汇
生态系统
栖息地
食物链
生产者
消费者
分解者
食物网

阅读技能
推理

线索	我知道的	我的推理

什么是生态系统？

仔细观察下图。你有没有发现正准备捕食昆虫的青蛙？你能不能找到正在阳光下休息的乌龟？生物之间是相互依赖的，不仅如此，它们还依赖阳光、水等非生物。在一个特定的环境内，所有这些相互作用的生物和非生物构成了一个系统，称为**生态系统**（ecosystem）。一个生态系统可以是一个池塘、一片沼泽或一块田地。生态系统可能小若水坑，也可能大如汪洋。

池塘生态系统

大大小小的生态系统都由生物和非生物共同构成的。青蛙、鸟类和植物是生活在池塘中的生物，而阳光、水和土壤则是池塘中的非生物。

不同的生物生活在生态系统中不同的地方。鱼生活在池塘中，池塘是它们的**栖息地（habitat）**。栖息地是生物的家园。生物从它们的栖息地中获取食物、水和栖所。

快速检测

推理 哪种池塘动物能够在陆地生态系统生存？

批判性思维 如果一个生态系统忽然变冷，会发生怎样的变化？

什么是食物链？

所有生物都需要摄取能量来生存和成长。大部分生物自身也可以被看作是一种能源——它们将能量传递给捕食它们的生物。**食物链（food chain）**揭示了能量在生态系统中是如何从一种生物传递给另一种生物的。请仔细观察下面的图片，箭头表示了能量的流动。

食物链中的第一级生物叫作生产者。**生产者（producer）**是自给自足的生物，绿色植物和藻类都是生产者。大部分生产者利用水、空气和阳光的能量来制造食物——也就是说，食物链中的绝大部分能量都来自于太阳。

池塘食物链

食物链中的第二级生物叫作消费者。**消费者（consumer）**是一种以其他生物为食的生物，所有动物都是消费者。一条食物链中可能有很多消费者。

分解者（decomposer）是一种分解死去动植物残骸的生物，分解者将营养物质送回土壤，蠕虫和细菌都是分解者。

快速检测

推理 如果将乌龟从池塘食物链中移除，这对蚱蜢和白尾海雕会有什么影响？

批判性思维 这两条食物链有什么相似之处？

什么是食物网？

一天早上，一只乌龟吃掉了一只蚱蜢。第二天，还是那只乌龟吃掉了一只小龙虾。大部分动物吃多种食物，也就是说，它们同时存在于多条食物链中。食物链相互交织，构成**食物网（food web）**。

下图展现了一张池塘食物网。观察从大口黑鲈指向苍鹭和白尾海雕的箭头。这表示苍鹭和白尾海雕都以大口黑鲈为食，大口黑鲈存在于一条以上的食物链中。苍鹭和白尾海雕是**捕食者**，捕食者捕猎其他动物为食，它们捕猎的对象被称作**被捕食者**。

池塘食物网

读 图

哪种动物吃的食物类型最多？

线索 观察指向每种动物箭头的数量。

你可以通过研究食物网来了解生物。根据下图，你可以发现椎实螺以植物为食。以植物为食的生物叫作**草食动物**。有些动物，例如苍鹭，以其他动物为食。这些动物就叫作**肉食动物**。既以植物为食又以动物为食的动物叫作**杂食动物**。你能在下图中找到一种杂食动物吗？

同时，食物网也可以告诉你生物因食物而竞争的情况。很多动物都以小龙虾为食，如果水蛇把小龙虾吃光了，那乌龟、鱼或牛蛙就可能会挨饿。

快速检测

推理 假如牛蛙灭绝了，苍鹭如何存活？

批判性思维 你是草食动物、肉食动物还是杂食动物？

迷你实验

观察分解者

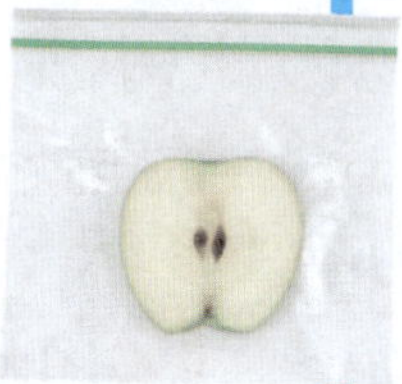

1. 把一些苹果片放进塑料袋里，将塑料袋密封。
   ⚠ 注意！不要打开封好的塑料袋。
2. **观察** 把塑料袋放在温暖而黑暗的环境中，每天观察苹果片，持续一周。记录你所看到的变化。
3. **交流** 随着时间的流逝，苹果片发生了什么变化？
4. **推理** 这个活动让你对分解者有什么了解？

重要的分解者

在池塘中，死去的动植物残骸会沉入水底。但是，为什么池塘的底部并没有堆满动植物的残骸呢？这是因为在池塘的生态系统中还存在着分解者。

分解者是生态系统重要的组成部分，它们以死去的生物残骸为食。当它们进食的时候，会将营养物质释放到水和土壤里。这些营养物质能帮助植物和其他生物生长。蠕虫、菌类、某些昆虫和蜗牛都是分解者，还有许多细菌也是分解者。

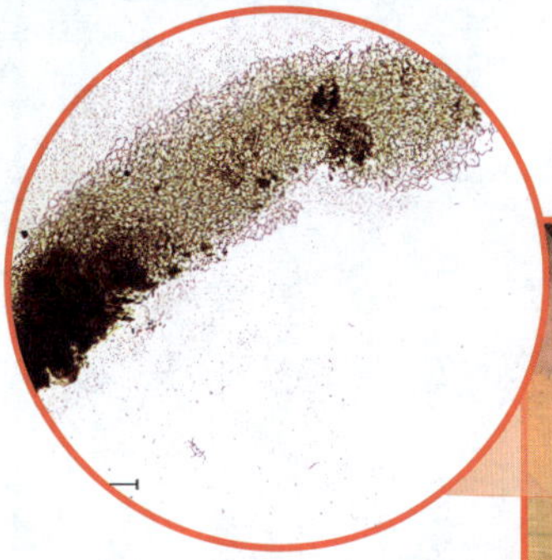

▲这是放大了2700倍后的图像。

这些落叶会为分解者提供一顿美餐。▼

快速检测

推理 分解者在池塘生态系统中起到了什么样的作用？

批判性思维 如果森林里没有分解者会怎么样？

课后回顾

摘要

同一生态系统中的生物与非生物相互依赖。

食物链和**食物网**展示了能量在生态系统中是如何流动的。

分解者在生态系统中起了重要的作用，它们以死去的动植物残骸为食并释放营养物质。

制作 折叠式学习卡

制作折叠式学习卡来总结本课关于食物链和食物网的知识。

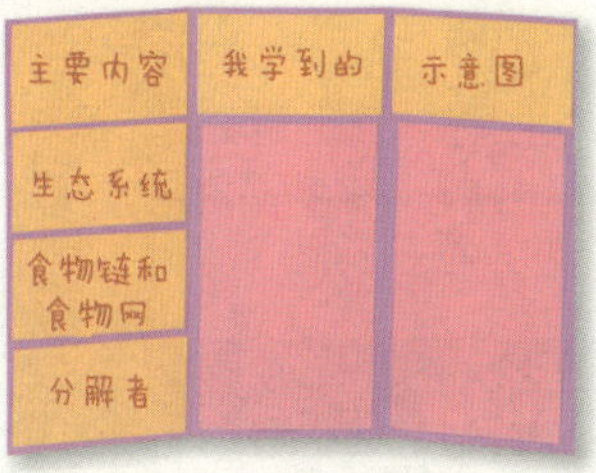

想一想，说一说，写一写

1. **词汇** 什么是消费者？

2. **推理** 一种动物处于一个以上的食物链中，这样有什么好处吗？

线索	我知道的	我的推理

3. **批判性思维** 动物和植物怎样依赖分解者生存？

4. **测试** 大部分的生产者从哪里获取能量？
   A 太阳光。
   B 消费者。
   C 捕食者。
   D 岩石。

5. **基本问题** 生物是如何相互作用的？

写作链接

写一篇对比文章

选择两种动物，查明它们的栖所和食性，以及什么生物以它们为食。写一篇文章比较这两种动物。

艺术链接

制作海报

调查你家附近的一个生态系统，制作一张海报来展示那个生态系统中的生物是如何相互作用的。

聚焦技能

探究技能：交流

通过之前的学习，我们已经知道了动物从食物中获取能量。科学家研究生态系统来了解不同生物获取能量的方式，然后他们交流并分享他们的研究。交流能够帮助人们更好地了解世界。

▶ 学习

交流时，你在和他人分享信息。科学家交流、分享信息的方式包括会谈、写作、画图或制作图表。

▶ 尝试

在这个活动中，你将要整理并交流关于一个草原生态系统的数据资料。仔细阅读下面的数据表格，它展示出草原上的一些生物是如何获取能量的，它同时也说明了生物是如何相互作用的。表格是交流数据的一种方式。在后续的学习中，我们还将尝试用其他方法来交流数据。

草原生物

生物	生物获得能量的来源
草	太阳
蛇	田鼠
鹰	蛇
田鼠	草

1. 你可以通过绘制图片来交流数据。比如，我们可以制作一张关于食物链的图片。在下一页中，已经给出了一条食物链的起点，请用正确的顺序加入之后的三种生物来完成这张关于食物链的图片。

2. 接着，你可以制作食物金字塔来交流，观察右边展示的食物金字塔并填空。

3. 现在，你可以写一篇短文来交流。在你的文章中，将每一种生物按生产者和消费者进行分类。说明每种草原生物是从何处获得能量的。

4. 以上全部三种交流方式有没有帮助你了解、展示数据呢？你认为哪种方式最好用？为什么？

太阳

草

蛇

▶ 应用

选择其他类型生态系统的一条食物链，和同伴交流有关这条生物链的信息。画图展示这一食物链中的生物是从何处获得能量的，然后用语言来描述这条食物链。讨论你们通过交流了解到的信息。

第 2 课

不同类型的生态系统

看一看，想一想

生活在这一海洋环境中会有什么感受？人类能够在咸咸的海洋中生活吗？为什么对这只海龟和这些鱼而言，咸咸的海洋是一个好地方？

探究活动

海洋动物能在淡水中生活吗？

预测

卤虫卵能在淡水中孵化吗？咸水呢？做出预测。

检验

1. 分别向两个罐子里加入 480 毫升清水。在一个罐子里加两勺海盐，把这个罐子标记为“咸水”，把另一个罐子标记为“淡水”。

2. 分别向两个罐子里加入一勺卤虫卵。
3. **观察**　在之后的几天时间里，每个罐子里发生了什么？借助放大镜仔细观察。

得出结论

4. **解释数据**　哪个罐子里的卤虫卵孵化了？你是怎样分辨出来的？
5. **推理**　所有海洋动物都能在淡水中生活吗？你是怎么知道的？

进一步探究

拓展实验　温度会影响卤虫卵的孵化吗？设计一个实验来研究一下。

材料

两个罐子

量杯和清水

海盐

量勺

卤虫卵

放大镜

步骤 3

读一读，学一学

基本问题

如何比较不同的生态系统？

词汇

气候

土壤

沙漠

森林

海洋

湿地

阅读技能

比对和对比

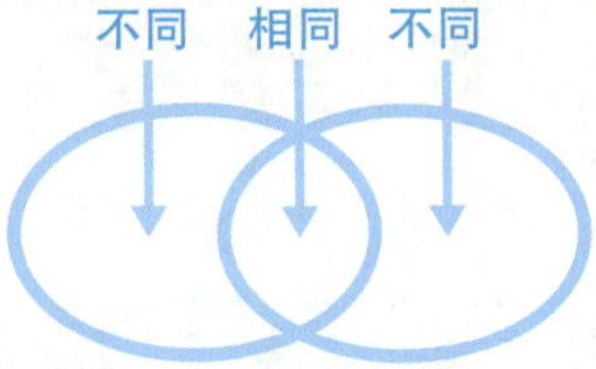

这一北部生态系统叫作冻原。北美驯鹿可以在冻原的雪地里挖掘来寻找食物。

不同的生态系统

环游世界，你会发现地球上有很多不同的生态系统。这些生态系统有些非常炎热、干燥，几乎没有生物；有些被树木或冰覆盖着；还有一些则位于水下。

地球上的每一个陆地生态系统都有某种气候。**气候（climate）**是一个地区经过多年观察所得到的概括性的气象综合状况。有些陆地生态系统有着温暖而潮湿的气候，有些则有寒冷而干燥的气候，还有些生态系统的气候有时是干燥的、有时是潮湿的。

不同的生态系统有不同类型的土壤。**土壤（soil）**是由岩石碎屑、腐殖质等物质组成的。**腐殖质**是分解过的动植物遗骸，它含有营养物质，还能够吸收雨水。富含腐殖质的土壤含有大量的水和营养物质，可供植物使用。

草在草原上长势良好。草是北美野牛等动物的食物。

地球上的水域生态系统在许多方面都有所不同。有的是咸水，有的是淡水。水域生态系统可能是温暖的，也可能是凉爽的。水可能很浅，也可能很深。

生活在不同生态系统中的动植物类型也有所不同：草原上遍地是草，森林里到处都是树木；海洋里处处都是只能在咸水中生活的鱼，而池塘里则有只能在淡水中生活的鱼。

▲ 池塘是充满植物、藻类和动物的淡水生态系统。

快速检测

比对和对比　各种生态系统在哪些方面有所不同？

批判性思维　描述你生活的生态系统。

什么是沙漠?

想象一下，你正站在一片沙地之中，一阵阵热浪掠过你的身体，黄沙渐渐覆盖了你的鞋子。你深吸一口气，干燥的空气刺痛了鼻腔。你觉得，你在哪里？没错，你正处于沙漠之中。

沙漠（desert）是气候干旱的生态系统。在这里，每年的降水量不到300毫米，有可能几天内就会下好几场大雨，而之后的几个月里却一丁点儿雨也没有。

大多数沙漠的昼夜温差很大。白天，太阳的热量加热了陆地和空气；太阳落山后，气温又迅速下降。

▲这种环颈蜥在北美洲的索诺拉沙漠里捕食昆虫和其他蜥蜴。

美国的巨人柱国家公园位于索诺拉沙漠。

沙漠的地面大部分被沙子覆盖，没有可以吸收雨水的腐殖质。雨水向下渗漏，流到大多数植物的根到不了的地方。

只有极少数的动植物能在沙漠中生存。沙土对许多植物来说几乎没有水分和养分。存活下来的沙漠植物通常会相隔很远。大多数沙漠动物会避开炎热的太阳，在阴凉的地方栖息，它们会在夜间气温较低的时候捕猎。沙鼠、响尾蛇和棕曲嘴鹪鹩都是常见的沙漠动物。

▲这只弯嘴嘲鸫在仙人掌里筑巢。它吃昆虫、水果和种子。

快速检测

比对和对比 在沙漠里，白天和黑夜的温度有什么不同?

批判性思维 为什么沙漠中一般植物不多?

真相 **并非所有的沙漠都很炎热，像南极洲这样的沙漠就又干又冷。**

什么是森林？

想象一下，你正在一个地方，这里又阴暗又潮湿，高大的树木环绕在身边，雨点不断滴落，鸟儿在不远处歌唱。你觉得，你在哪里？没错，你正在森林之中。

森林（forest）是一个有许多树木的生态系统。在世界不同地区能找到不同类型的森林。

热带雨林

热带雨林是一种又热又潮湿的森林。这种气候条件非常适合多种生物的生长。所以，这里拥有比其他陆地环境更多种类的生物。在这里，颜色鲜艳的鸟类、哺乳动物、昆虫和爬行动物一起生活在树上。

热带雨林一年四季都很温暖，其降雨量是夏威夷和路易斯安那州的 2 倍，这两个地方是美国最多雨的地方。

热带雨林的土壤一般很贫瘠，茂密的植物能够很快吸收土壤中的一切养分。

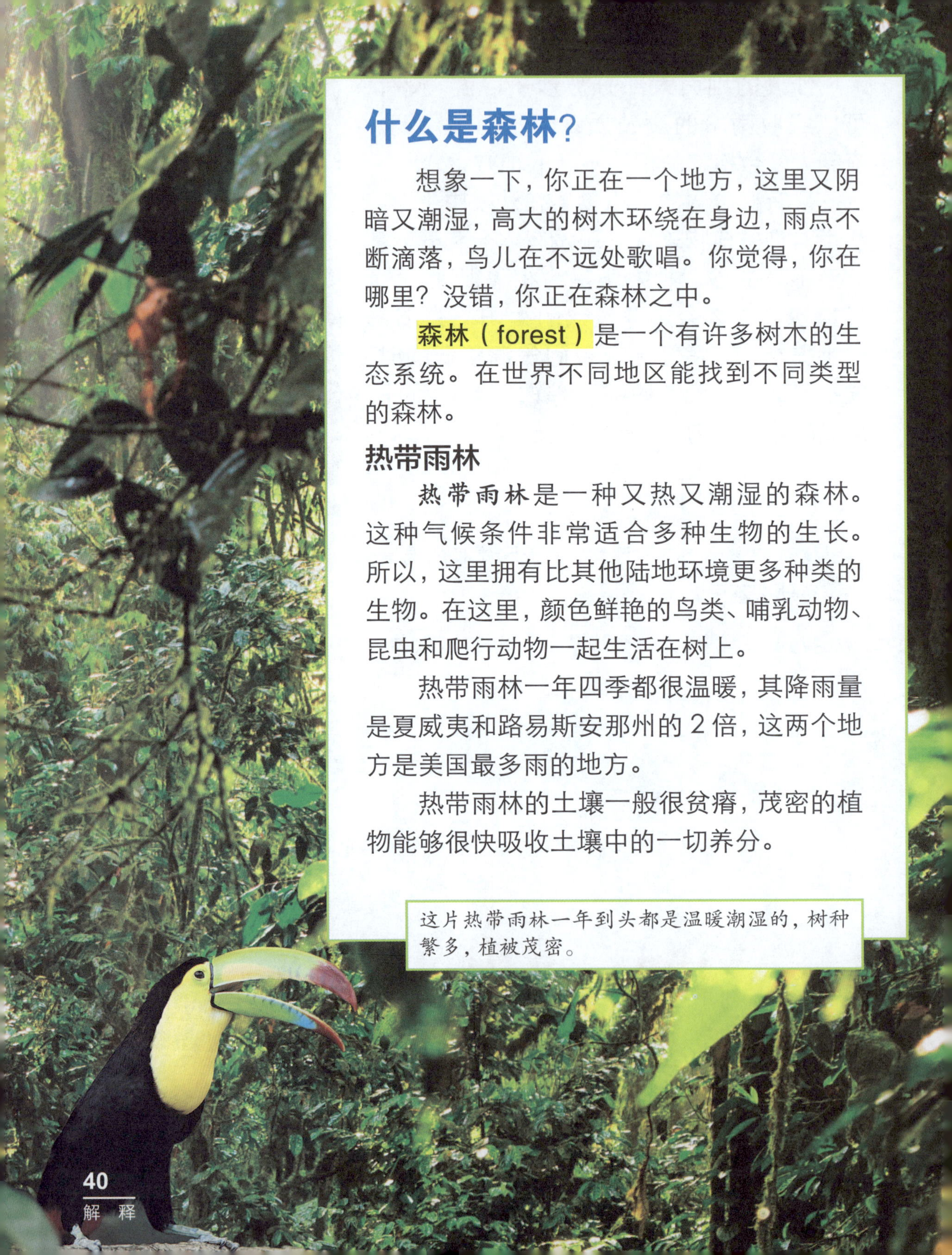

这片热带雨林一年到头都是温暖潮湿的，树种繁多，植被茂密。

温带森林

温带森林生态系统分布在北美洲、欧洲和亚洲。熊、鹿、狐狸和许多其他动物在这些森林里生活。与热带雨林不同，**温带森林**在不同的季节有不同的天气。这里的冬天寒冷干燥，夏天则温暖潮湿。

温带森林有足够的雨水让大树生长。然而，温带森林的降雨量还不到热带雨林的一半。温带森林的土壤中含有丰富的腐殖质。腐殖质富含营养，并吸收了大量的水。

快速检测

比对和对比 哪种森林获得的雨水比较多？热带雨林还是温带森林？

批判性思维 营养物质是怎样进入热带雨林的土壤中的？进入土壤中之后又发生了什么？

温带森林中的树木可以在寒冷的冬天生存。

什么是海洋？

想象一下，你正在一片温暖、清澈的咸水中游泳，你的眼前是一个色彩斑斓的动物世界。这里有海星、海绵和五彩缤纷的鱼。一座由珊瑚虫组成的山脊在你面前蜿蜒。你觉得，你会是在哪里？是的，你正处于一个珊瑚礁里，这是地球上最大的生态系统——海洋的美丽一角。

海洋（ocean）是由咸水组成的庞大水体。地球上有五个彼此相连的大洋，它们是太平洋、大西洋、印度洋、北冰洋和南冰洋。其中，太平洋是最大的大洋，它覆盖着地球表面大约三分之一的区域。

数以十亿计的生物生活在海洋里。几乎所有的海洋生物都生活在不到100米深的浅水中。这里的水被太阳温暖并照亮，绿色植物和藻类因而能得到足够的阳光生长。这些植物和藻类作为生产者，为其他动物提供了食物和栖所。很少有生物能在寒冷、黑暗的海洋深处生存。海洋有的地方可以深达11000米。

快速检测

比对和对比 海洋深处与浅海有什么不同？

批判性思维 为什么生活在浅海的海洋生物多于生活在深海的海洋生物？

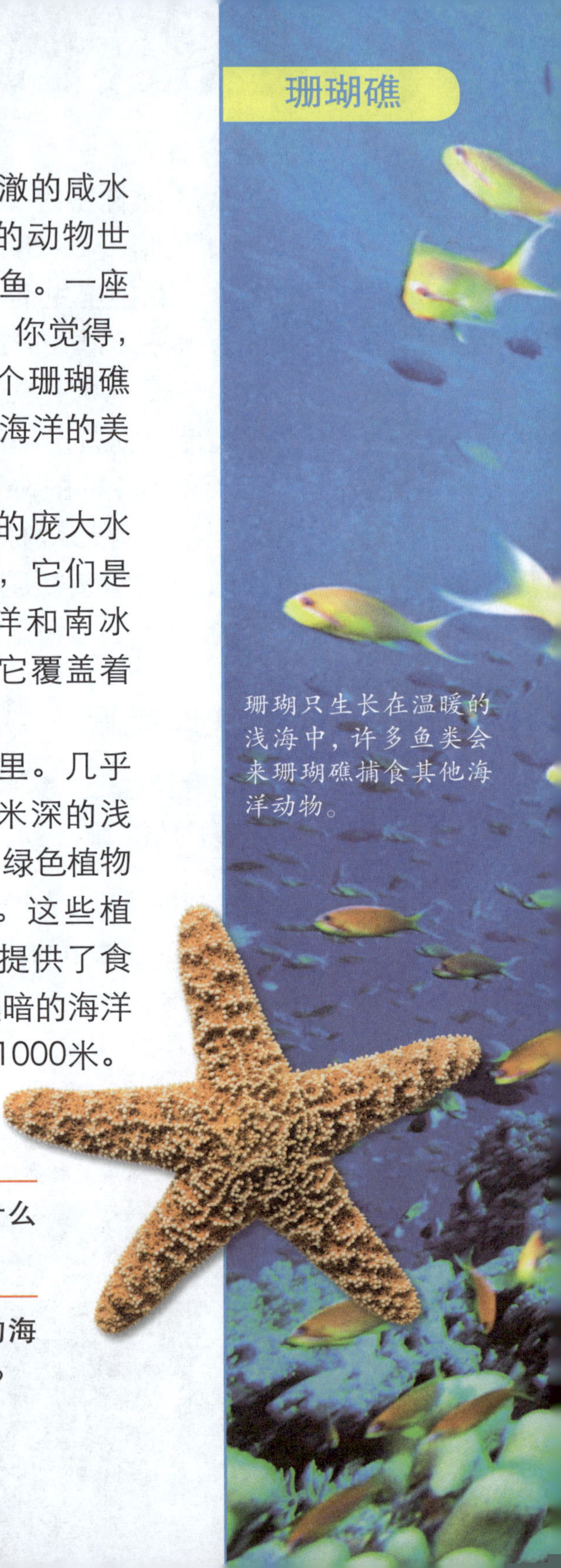

珊瑚只生长在温暖的浅海中，许多鱼类会来珊瑚礁捕食其他海洋动物。

迷你实验

水的温度

1. 分别在两个罐子里装 200 毫升的咸水，一个标注为“有光”并把它放在一个阳光明媚的地方，另一个标注为“无光”并把它放在一个黑暗的地方。
2. **观察** 当天晚些时候用温度计测量两个罐子的水温，哪个罐子的水温比较高？

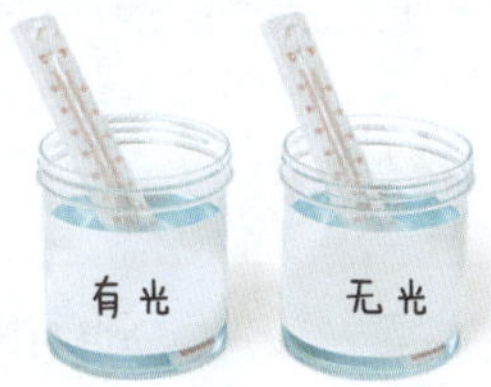

3. **推理** 这两个罐子模拟了海洋的两个地方，是哪两个地方？它们有什么不同？

读 图

这片珊瑚礁里的动物有什么不同？

线索 生活在海底的珊瑚是一种动物。

什么是湿地?

想象一下，你正慢慢地划着独木舟，航行在黑暗浑浊的水上，高大树木的枝丫延伸到你的头顶。青蛙呱呱地叫，昆虫嗡嗡作响。你觉得，你在哪里？你正处于一片湿地之中。

▲湿地中的鳄鱼以各种鱼类、蛇、青蛙和乌龟为食。

湿地（wetland）也是一种生态系统，湿地中的土壤在一年中的绝大部分时间里都在水下。湿地通常分布在河流、湖泊、池塘和海洋的边缘。地球上既有淡水的湿地，也有咸水的湿地。

湿地的重要性体现在许多方面：许多动植物都以湿地为家；湿地土壤中通常充满了促进植物生长的矿物质；湿地的蓄水功能能帮助人们预防洪水；湿地的植物甚至能够净化污水。

快速检测

比对和对比 湿地和海洋有什么相同之处？有什么不同之处?

批判性思维 抽干湿地里的水会对生物造成什么影响?

湿地常年被水覆盖和浸泡，但一年中的一部分时间可能会干涸。

课后回顾

摘要

不同的生态系统根据其拥有的生物和非生物类型的不同而不同。

沙漠和森林是陆地生态系统的类型。

海洋和湿地是水域生态系统的类型。

制作 折叠式学习卡

制作折叠式学习卡来总结本课关于生态系统的知识。

想一想，说一说，写一写

1. **词汇** 什么是湿地？
2. **比对和对比** 森林和沙漠有什么不同之处？这两个生态系统有什么相同之处？

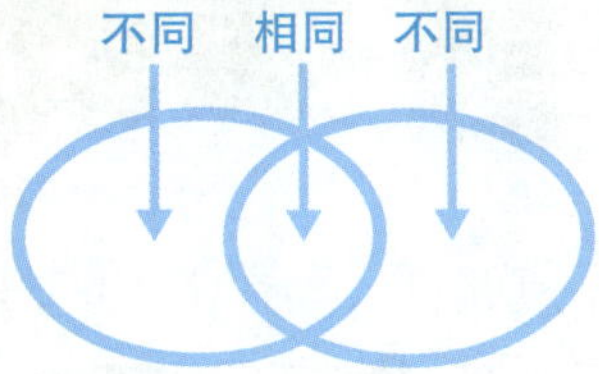

3. **批判性思维** 你有一株植物，需要为它选择一个生态系统。在你选择之前，你需要了解它的哪些情况？
4. **测试** 热带雨林的土壤很贫瘠，这是因为什么？
   A 它都是沙子。
   B 它没有氧气。
   C 它需要肥料。
   D 植物消耗了大部分的营养物质。
5. **基本问题** 如何比较不同的生态系统？

写作链接

描述性写作

选择一种生态系统，想象你正在那里徒步或划船。描述你所看到的、听到的和感受到的事物。

社会链接

不同的生态系统

调查你所在的省（自治区、直辖市）的各种生态系统，绘制一张地图来展示你的调查。

走近安娜·卢兹·波泽坎斯基

▲安娜是一名鸟类学家，鸟类学家是研究鸟类的科学家。

草原，如著名的潘帕斯草原，在南美洲十分常见。草原也是美国自然历史博物馆科学家安娜·卢兹·波泽坎斯基成长的地方。

安娜研究草原上的鸟类，主要是一种叫作凤头鴂的鸟。它们棕灰色的羽毛可以与高大的草、灌木和灌丛融为一体，它们用这样的保护色来躲避捕食者，如狐狸和鹰。它们以其他鸟类或者其他鸟类的蛋为食。

凤头鴂善于躲藏，那安娜又怎样能发现它们呢？她听它们唱歌。每一种凤头鴂都能唱不同的歌。有时她需要自己唱歌或是播放鸟儿歌唱的录音，等待凤头鴂的回应。这需要时间、耐心和一点运气。

凤头鴂很难找到，但它们色彩丰富的蛋却着实显眼。安娜想知道为什么凤头鴂的蛋是五颜六色的。你觉得会是什么原因呢？

比对和对比

- 首先，要阐明事物之间相似的地方。
- 其次，要阐明事物之间不同的地方。
- 可以用“像”“都”等词表示比对，用“不像”“但是”等词表示对比。

凤头䳍蛋是五颜六色的。

写作

比对和对比　和同伴合作，将凤头䳍和另一种你所了解的动物进行比对和对比。在维恩图中列出两种动物相同和不同的方面。借助图表，完成有关两种动物的写作。

第 3 课

适 应

看一看，想一想

这些海象在冰面上睡觉。你认为它们会觉得冷吗？海象如何在寒冷的地方保持温暖？

探究活动

脂肪如何帮助动物在寒冷环境中生存?

做出假设

脂肪能帮助你的手指在冷水中保持温暖吗？写下你的假设，可以用“如果我的手指上有一层脂肪，那么……”开始。

验证假设

1. 用纸巾蘸取植物脂肪涂在你的一根食指上，努力将食指完全包裹住；另外一根食指则什么也不涂。
2. **预测** 当你把两根食指都伸进一碗冰水里时，会发生什么？
3. **实验** 把一根食指伸进冰水中，让搭档为你记录手指放在冰水里的时间，然后换另一根食指。记录下数据。
4. 与你的搭档交换角色，并重复步骤 1~3。

得出结论

5. **解释数据** 哪根手指可以在冰水里坚持得更久？为什么？结果支持你的假设吗？
6. **推理** 海象的皮肤下面有一层脂肪，这如何帮助它们生活在冰层上？

进一步探究

拓展实验 你怎样能够测量脂肪保持物体温暖的能力？能不能用温度计呢？设计一个实验并实施。

材 料

植物脂肪

纸巾

冰水

秒表

步骤 1

步骤 3

读一读，学一学

基本问题
适应如何帮助生物生存？

词汇
适应
伪装
夜行性
拟态
冬眠
迁徙

阅读技能
预测

我的预测	实际发生的

生物如何具有与生俱来的生存能力？

一只飞虫在森林里嗡嗡作响，青蛙弹射出自己黏乎乎的舌头，捕捉并吞下了整只飞虫。青蛙黏乎乎的舌头是一种适应。**适应（adaptation）**是一种帮助生物体在其环境中生存的结构或行为。

一些适应能够帮助生物获取食物。例如，锋利的爪子帮助熊、狮子等动物捕猎；扁平的牙齿帮助马、牛等动物咀嚼草料。

一些适应能够帮助生物保持安全。例如，一些动物通过融入所处的环境来躲避天敌，这就是一种称作**伪装（camouflage）**的适应。伪装也可以帮助动物偷袭猎物。北极熊的白色皮毛与冰雪交融在一起，这可以帮助它在不被看见的情况下猎杀海豹。

青蛙黏乎乎的舌头帮助它捕捉昆虫。

伪装使得这条蛇成功躲过了盘旋于头顶的老鹰。

适应可以帮助某些生物在特定的气候条件下生存。北极附近的植物可能有毛茸茸的叶片，这种结构使霜、雪与叶片的表面隔离开来。生活在寒冷地带的海狮、海象皮肤下有一层很厚的**脂肪**，这些脂肪是帮助它们保暖的一种适应。这些动物在冬季会有比夏季更厚的脂肪。

这株北极柳有一层绒毛，使它的叶子不会被冰雪冻伤。▼

快速检测

预测　不同类型的动物可能拥有相似的适应吗？

批判性思维　并非所有动物都有着一样的适应，为什么？

哪些适应帮助沙漠动植物生存?

不是所有生物都能够在沙漠中存活下来的，而能够存活下来的生物体都具有帮助它们在干旱气候下生存的适应。例如，沙漠植物具有能够吸收和储存水的适应。它们的根可能散布得很广，以便吸收大面积的雨水；特殊的茎也能帮助储水。沙漠动物通过食用植物来获取水。茎、叶上的刺则帮助植物从饥渴的动物口中幸免于难。

沙漠植物的适应

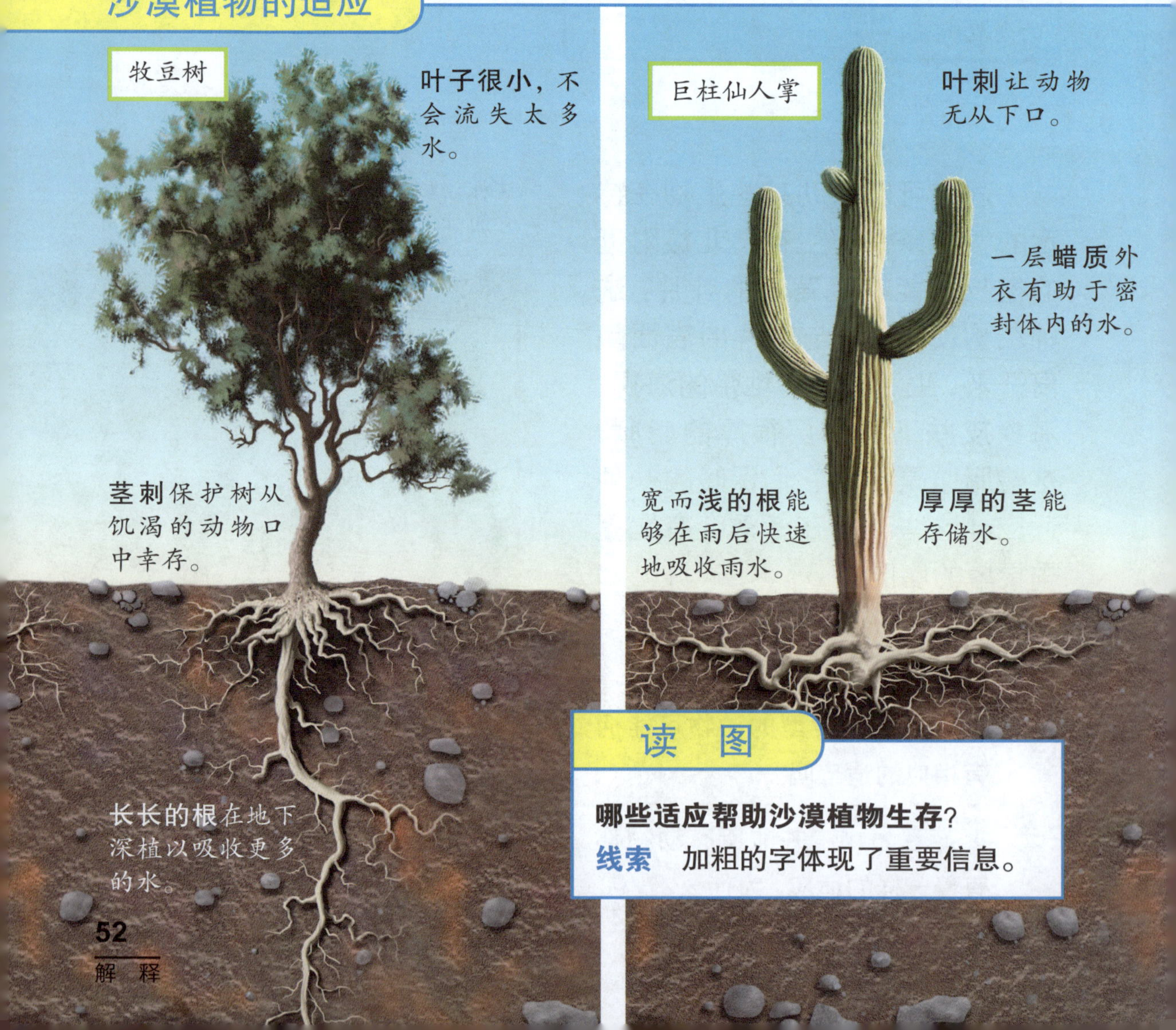

读 图

哪些适应帮助沙漠植物生存?

线索 加粗的字体现了重要信息。

▲这些蝙蝠是夜行性动物。白天沙漠十分炎热的时候，它们在睡觉，晚上它们就出来吃水果。

许多沙漠动物，例如响尾蛇和郊狼，都是夜行性的。**夜行性（nocturnal）**意味着它们活跃于夜晚。在白天它们会睡觉，只有到晚上沙漠变得凉爽时，它们才会出来活动。

长长的耳朵、瘦瘦的身体帮助诸如黑尾长耳大野兔之类的动物保持身体凉爽。当温热的血流过它们的耳朵时，热量就会散失。耳朵越大，越利于散热。浅色的体表帮助动物避免吸收太多的热量。

快速检测

预测 有着厚厚脂肪层的动物能够在炎热的沙漠中生存吗？

批判性思维 黑尾长耳大野兔如果想在沙漠中活得更好，它的耳朵需要变得更大还是更小？为什么？

迷你实验

储水

1. **建立模型** 将两张纸巾弄湿，然后用蜡纸裹住其中一张，这张纸巾模拟的是有蜡质层的植物，未被包裹的纸巾模拟的是没有蜡质层的植物。
2. 把两个模型放在阳光明媚的地方。
3. **观察** 过一段时间去检查两张纸巾的变化，这两张纸巾摸上去有什么感觉？
4. **推理** 蜡质层怎样帮助沙漠植物存活下来？

▲温热的血液流过黑尾长耳大野兔的耳朵并释放部分热量。

▲每片叶子的末梢都有便于滴水的叶尖，这有助于雨水快速从叶片上流走。

哪些适应帮助森林动植物生存?

在森林里，高大的树木向着阳光生长，较矮的植物则生长在树荫之下。动物能在树的高处或黑暗的地面上找到食物。适应同样帮助森林生物生存。

森林植物

在热带雨林中，低矮的植物能获得大量的雨水，但获得的阳光较少。过多的水会损害树叶和枝条。一些雨林树叶有沟槽和便于滴水的叶尖，这些都能让雨水加速流走。这些树叶往往很大，便于获得透过高层枝叶照射下来的少许阳光。

在温带森林中，冬天又冷又干。树木能获得的阳光不多，有些树便会在秋天随着气温的下降而落叶。这种适应帮助树减少水分的流失。

这些树叶不再能够制造食物，它们落到地上，树为来年春天生长出新叶积蓄能量。

森林动物

有些森林动物通过让自己看起来像其他非常不同的生物体而融入环境中，这种适应被称为拟态。**拟态（mimicry）**是指一种生物在颜色或形状上模仿另一种生物或非生物。就像伪装一样，拟态可以帮助生物体在其所处环境中保持安全，它还可以帮助生物体在不被看见的情况下进行捕食。

臭鼬是温带森林中的动物，它们具有不寻常的方式来保持安全。如果捕食者离得太近，臭鼬就会喷出一种臭气熏天的化学物质，这种化学物质会刺痛捕食者的眼睛。

在温带的森林里，随着冬日的来临，觅食变得越来越困难。这时候，像睡鼠这样的动物会选择冬眠来度过冬天。**冬眠（hibernate）**是指某些动物在寒冷的冬季休眠。在冬眠时，动物消耗的能量较少，不需要进食。冬眠是一种适应，它能帮助一些动物在季节变化时存活下来。

快速检测

预测 当臭鼬发出警告时，捕食者通常会做出怎样的回应？

批判性思维 拟态和伪装有何不同？

▲竹节虫的身体与竹枝极为相似。你能找到这张照片里的昆虫吗？

▲睡鼠冬眠时会蜷缩成一团，这有助于保温。

▲处于危险时，臭鼬会在喷射前把尾巴高高翘起作为警告。

海带是一种藻类，海带构成了这片海藻森林。

哪些适应帮助海洋动植物生存？

海洋是数百万生物的家园，每种生物都有自身的适应，帮助它们在海洋的咸水中生存。虽然咸水不利于许多生物的生存，但海洋生物需要咸水，它们无法在湖泊或池塘这样的淡水中生存。

海洋藻类

你所看到的漂浮在海洋中类似植物的生物叫作**藻类**。就像植物一样，藻类利用阳光自给自足。大多数藻类都有吸收阳光的叶状结构。有的藻类拥有吸附在海底的根状结构，这些藻类只能生活在浅水中，在那里它们可以获取阳光。还有一些藻类没有根，它们有一种被称为气囊的气球状结构，使它们可以在有日光照射的水面附近漂浮。

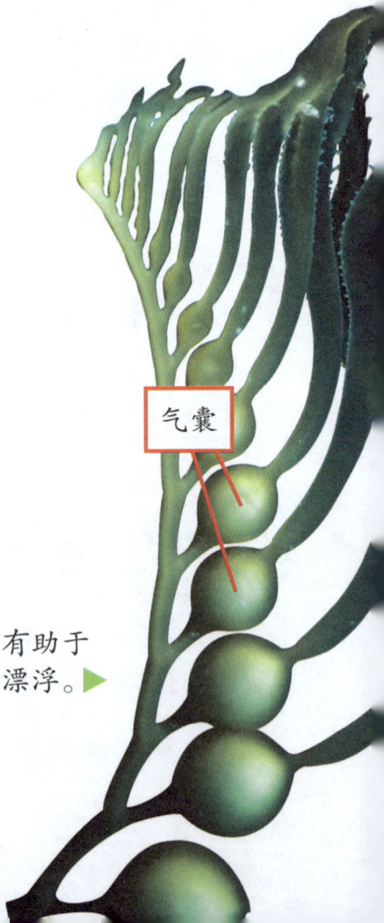

气囊有助于海带漂浮。

抹香鲸迁徙时要游数千千米。

海洋动物

海洋动物具有在水中运动和生活的适应：海豚的鳍和尾巴帮助海豚运动；鱼的鳃帮助鱼呼吸。

一些海洋动物会在不同的季节在海洋中迁徙。迁徙（migrate）意味着从一个地方迁移到另一个地方。当动物生活的环境变得太冷或食物匮乏时，它们就可能会进行迁徙。

海洋的深处非常寒冷、黑暗，很少有生物能生活在那里。鮟鱇却能够适应在深海中生活，它的头顶上有一个发亮的赘生物，赘生物发出的光会吸引其他动物，当它们游到近处时，鮟鱇便会发动攻击。

▲ 鮟鱇有一根发亮的"鱼竿"，能够在黑暗的深海中吸引猎物。

快速检测

预测 鮟鱇的适应在有光照的浅水中还有用吗？为什么？

批判性思维 藻类与植物有什么相似之处？

哪些适应帮助湿地动植物生存?

湿地生物具有在变化中存活下来的适应，有时它们生活的地方可能前一天还在水下，第二天水位下降，它们就不得不在干燥的环境中生活。

▲步行鲶能够在短时间内在岸上呼吸。

湿地植物

湿地中的植物可以在不断变化的水位中存活下来。红树林分布在沿河、沿海的湿地中，它们的根向四周伸展，紧紧地抓住泥泞的土地。

湿地动物

湿地中的动物同样有在旱季生存的方法：步行鲶生活在有可能会干涸的湿地池塘中，它能利用鳍在陆地上移动，前往另一片水域。

快速检测

预测 草原植物能在湿地中存活吗？为什么？

批判性思维 红树林的根可以怎样帮助它获取氧气？

红树林具有向上生长、露出水面的根。

课后回顾

摘要

适应是指帮助生物在所处环境中存活的一种结构或行为。

植物的适应包括毛茸茸的叶片、便于滴水的叶尖和宽而浅的根。

动物的适应包括伪装、拟态、迁徙和冬眠。

制作 折叠式学习卡

制作折叠式学习卡来总结本课关于适应的知识。

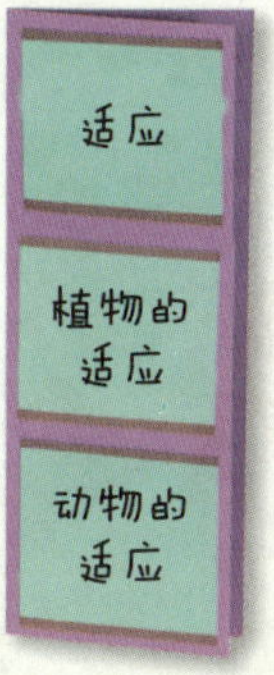

想一想，说一说，写一写

1. **词汇** 夜行性是什么意思？

2. **预测** 如果把北极柳移植到热带雨林里，它会遭遇什么情况？

我的预测	实际发生的

3. **批判性思维** 比较本节课中的两种或两种以上生物体，说明它们在哪些方面相似或相异。

4. **测试** 为什么有些动物要迁徙？
   A 避免被捕食。
   B 躲避寒冷天气。
   C 寻找同类。
   D 做出改变。

5. **基本问题** 适应如何帮助生物生存？

数学链接

飞行距离

旅鸫从南向北迁徙，它一天能飞行约 64 千米。请问旅鸫五天一共能飞多远？

社会链接

迁徙地图

调查了解一种动物迁徙的起点和目的地，并画一张迁徙地图。

科学探究

材　料

黄色美术纸

棕色美术纸

剪刀

秒表

结构化探究

伪装如何帮助动物保持安全？

做出假设

哪种动物更容易被发现？是融入环境当中的，还是没有融入环境当中的？写下你的假设，用“如果一种动物融入了所处的环境，那么……”开始。

验证假设

1. 剪出 20 个黄色圆形纸片和 20 个棕色圆形纸片。
2. **实验**　把所有圆形纸片都撒在黄色美术纸上，用来模拟有伪装和无伪装的动物。请一名同学在 10 秒钟内尽可能多地捡起圆形纸片。

3. **交流**　这名同学所捡起的两种颜色圆形纸片各有多少？用表格来记录结果。
4. 再请两名同学，重复步骤 1 和 2。

步骤 3

姓名	黄色圆形纸片个数	棕色圆形纸片个数

得出结论

5 **解释数据** 你的同学捡起的黄色圆形纸片更多，还是棕色圆形纸片更多？哪种纸片更难发现？

6 **推理** 伪装如何帮助动物保持安全？

指导性探究

浅色如何帮助沙漠动物存活？

做出假设

浅色的体表如何影响沙漠动物的体温？写下一个假设。

验证假设

设计一个实验来验证你的假设，可以运用如下所示的材料，记得要写出实验步骤。

材 料

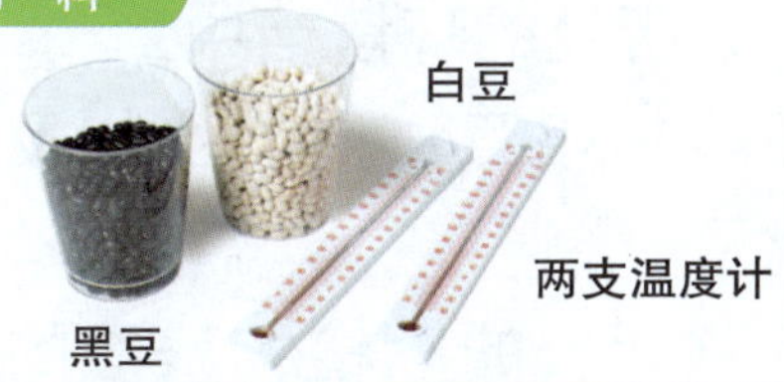

得出结论

实验结果支持你的假设吗？为什么？和同学分享你的结果。

开放性探究

你对动植物的适应还有哪些其他的问题？如何才能找到问题的答案？

请记住要遵循科学过程。

提出问题
↓
做出假设
↓
验证假设
↓
得出结论

第1章 复习和测试

摘要

第 1 课 食物链和食物网揭示出同一生态系统中的生物体是如何彼此依赖的。

第 2 课 地球上有着不同的生态系统，这些生态系统是根据所拥有的气候、土壤、植物和动物的不同来划分的。

第 3 课 植物和动物都具有帮助它们在不同环境中存活下来的适应。

制作 折叠式学习卡

如下图所示，把每一课的折叠式学习卡粘在一张纸上，用它来回顾本章节所学的内容。

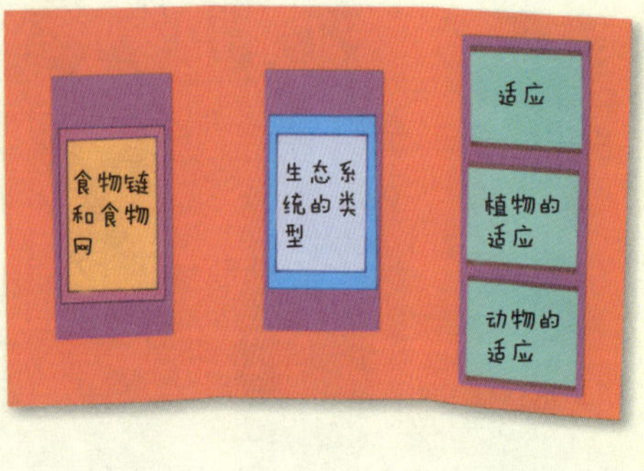

词 汇

DOK 1

用下列词语填空。

适应	生态系统
伪装	食物链
气候	森林
分解者	夜行性
沙漠	生产者

1. 有许多树的生态系统被称为______。
2. 在一个生态系统中，________能表明能量是如何从一种生物传递到另一种生物的。
3. 活跃于夜晚的动物是________动物。
4. 帮助生物在环境中存活下来的结构或行为是一种________。
5. 自给自足的生物被称作________。
6. 在________的干旱气候中植物通常相隔很远生长。
7. 被称作________的适应帮助动物融入其所处的环境当中。
8. 环境中相互作用的生物及非生物构成了一个________。
9. 分解死去的动植物残骸的生物被称为________。
10. 一个地区经过多年观察所得到的概括性的气象综合状况是它的________。

科学技能和科学概念

DOK 2-3

回答下列问题。

11\. 推理　食物链中会不会有不止一个生产者？会不会有不止一个消费者？

12\. 比较性写作　池塘生态系统和湿地生态系统有哪些相同之处？有什么不同之处？

13\. 交流　制作包含两栏的图表：植物和动物。记录下你一天内所吃的食物，将每种食物填入对应的表格中。如果食物中兼具植物和动物，请将其同时写在两栏中。

14\. 批判性思维　你正在照顾来自沙漠生态系统的植物和动物。你会为它们创造什么样的生活环境？

15\. 批判性思维　生物如何利用颜色来自我保护？

16\. 预测　如果生活在淡水中的鱼被放到海洋中，你认为会发生什么？说明原因。

17\. 哪些特征能帮助动物在如右图所示的寒冷环境中生存？

18\. **判断正误**　所有动物都是消费者。这个说法是对的还是错的？说明原因。

19\. 根据表格所示信息，美国死亡谷属于哪种生态系统？

美国死亡谷	
气候	炎热干燥 每年有少量降雨
土壤	干燥多沙
生物	仙人掌 郊狼

A 森林。　B 湿地。

C 池塘。　D 沙漠。

大概念

20\. 生物如何在所处的环境中生存？

表现性评价

DOK 3

一种新生物

- 选择一个生态系统，设计一种能够在这一生态系统中生存的新生物。你的新生物会具有什么么适应？它的生活会是怎么样的？它将如何获取食物？
- 制作一张海报以展示你所设计的新生物及其栖息地，标明它的适应，并说明这些适应如何帮助它存活。画一条包括你设计的新生物在内的食物链。

测　试

1 下列哪种适应最有可能帮助仙人掌在沙漠生态系统中存活下来？
DOK 2

A 大叶。　　B 小花。
C 蜡质茎。　D 蜡质花。

2 下图中的豪猪长着尖锐的棘刺。豪猪的棘刺如何帮助它生存？
DOK 1

A 棘刺有助于保持温暖。
B 棘刺有助于捉住食物。
C 棘刺保护豪猪不受捕食者侵害。
D 棘刺有助于豪猪获得氧气。

3 下列哪一说法能够最恰当地描述绿色植物在生态系统中的角色？
DOK 1

A 制造氧气和食物。
B 分解死去的动物残骸。
C 吃其他生物。
D 循环使用土壤。

4 动物如何利用伪装生存？
DOK1

A 借此从环境中脱颖而出。
B 借此模仿其他动物。
C 借此融入自身所处环境。
D 借此发出警告信息。

5 下表展示的是某一湿地生态系统中鸟类的数量。下列哪一说法最可信？
DOK 2

季节	鸟类数量
夏天	700
冬天	60

A 秋天洪水时许多鸟类淹死了。
B 春天许多鸟类被捕食者杀死了。
C 冬天天气变冷时许多鸟类死去了。
D 许多鸟类向南方迁徙过冬。

6 卡洛斯制作了一张海报，呈现了一个拟态的实例。下面哪张海报是卡洛斯的？
DOK 1

A

B

C
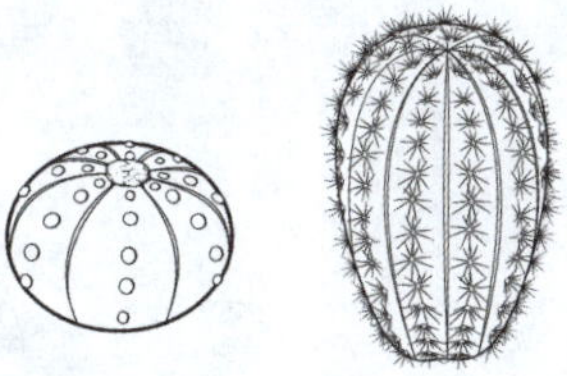

D

7 说出海洋生态系统中一种生产者的名字。
DOK 1

8 说出森林生态系统中一种消费者的名字。根据下面的示意图，回答问题9～10。
DOK 2

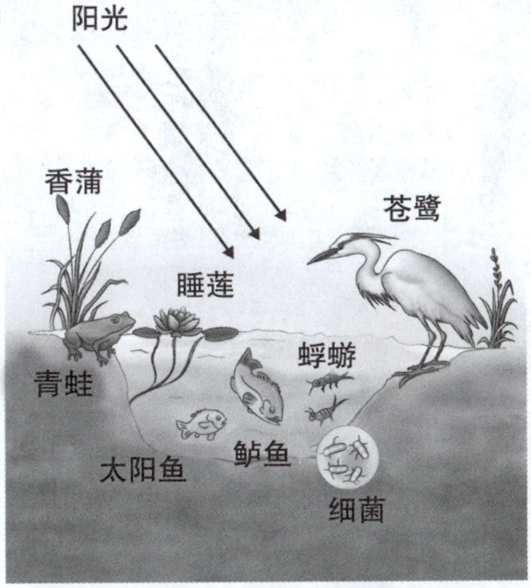

9 在这一池塘生态系统中，青蛙和鲈鱼都以蜉蝣为食。春天，气温很低，蜉蝣难以存活。那么，到了夏天，池塘的食物网会受到怎样的影响？说明原因。
DOK 2

10 池塘中死去的生物如何被分解？为什么这很重要？
DOK 2

检 查

问题	对应页码	问题	对应页码
1	38～39，52～53	6	55
2	50～55	7	26，42～43
3	26～27	8	27，40～41
4	50～51	9	28～29
5	50～58	10	27,30

第2章

生态系统中的变化

大概念

变化如何影响生物及其环境？

基本问题

第1课

人类和其他生物是如何影响环境的？

第2课

环境变化是如何影响生物的？

第3课

我们能从古生物身上了解什么？

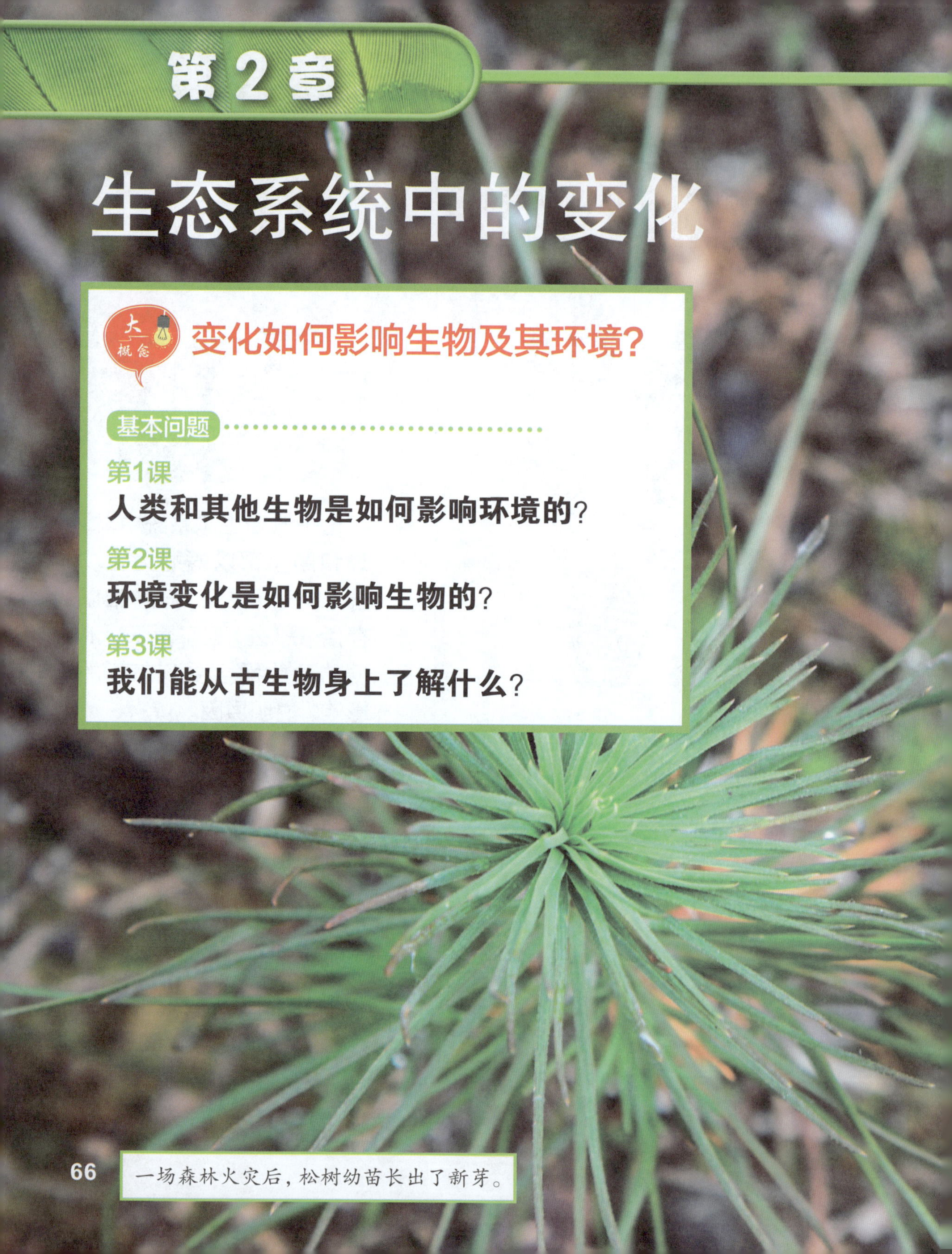

一场森林火灾后，松树幼苗长出了新芽。

核心词汇

资源 生物赖以为生的东西，食物、水、空气、空间、阳光等都是资源。

竞争 生物之间为争夺资源而发起的斗争。

污染 自然环境中混入了对生物有害的物质的现象。

濒临灭绝 某种生物的数量所剩无几。

化石 古代生物的残骸或遗迹埋藏在地下变成的跟石头一样的东西。

灭绝 某种生物的同类都死亡了。

第1课

生物影响环境

看一看，想一想

树叶从树枝上飘落，遮盖了森林的地面。你可曾对落叶的进一步变化感到过好奇？是什么让它们消失不见？

探究活动

蚯蚓如何影响环境？

目标

所有生物在获得食物、水、栖所和其他所需资源的过程中，都会影响到自己所处的环境。在此活动中，我们来探究蚯蚓是如何影响自己所处的环境的。

活动步骤

1. **建立模型** 把一些泥土放进一个塑料盒，然后把小石头和树叶放在泥土上面。这模拟了森林的地面。
2. 把活的蚯蚓放在“森林的地面”上。
3. **预测** 蚯蚓会做什么？列出你觉得蚯蚓会做的事情的简短清单。
4. **观察** 每三到四天观察蚯蚓、泥土、树叶和石头，保持泥土湿润。记录你的观察结果。

得出结论

5. **推理** 随着时间的推移，树叶发生了什么变化？
6. **交流** 蚯蚓是如何影响自己所处的环境的？

进一步探究

拓展实验 其他生物是如何影响环境的？设计一个实验来验证你的想法，并实施。

材 料

湿润的泥土

塑料盒

石头

树叶

蚯蚓

步骤 1

步骤 2

读一读，学一学

基本问题
人类和其他生物是如何影响环境的？

词汇
资源
竞争
污染
节约
重复利用
循环利用

阅读技能
预测

我的预测	实际发生的

生物是如何影响自己所处的环境的？

生物在满足自身需求的同时也在改变环境。蜘蛛织网捕捉昆虫为食；鸟儿筑巢作为栖身之所；植物从土壤中吸收水和营养物质。这些行为都在不同程度上改变了环境。

其他生物会对环境造成更大的影响。例如，细菌、蚯蚓和真菌分解树叶和其他动植物残骸，这些分解者将宝贵的营养物质返还土壤。之后，植物可以利用这些营养物质来生长。

所有生物都在努力获取资源。资源（resource）是生物赖以为生的东西。食物、水、空气、空间、阳光等都是资源。

持续变化的环境

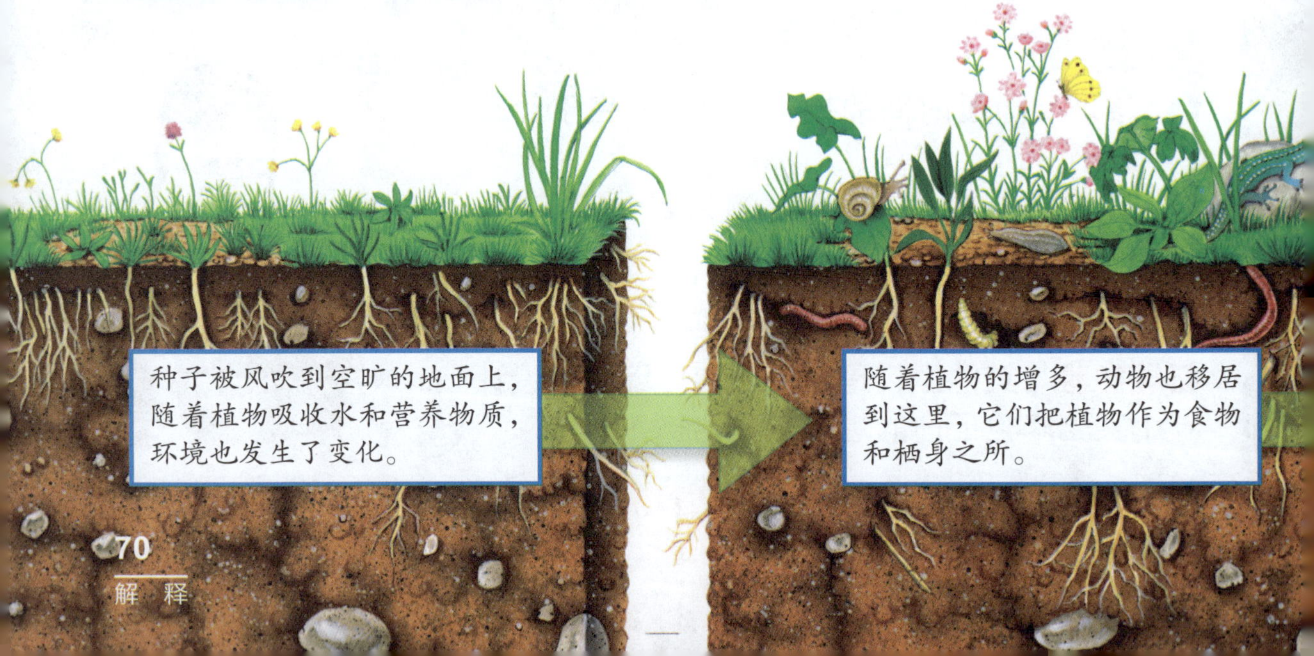

每个环境的资源都是有限的，因此，生物必须为生存而竞争。**竞争（competition）**是生物之间为争夺资源而发起的斗争，竞争也可能是造成环境变化的原因之一。下图显示出竞争是如何改变环境的。

快速检测

预测 如果一棵大树倒了，森林会发生什么变化？

批判性思维 你如何影响着你所处的环境？

读图

随着时间的推移，环境发生了怎样的变化？

线索 箭头表明了时间顺序。

▲ 垃圾污染了海滩。

人类是如何影响自己所处的环境的？

人类改变环境的程度比其他任何生物都要大。像植树这样的改变是有益的，然而还有一些改变可能是有害的。

污染

环境污染会对生态系统造成直接的破坏。当有害物质进入空气、土地或水中时，**污染（pollution）**就发生了。汽车尾气会污染空气，垃圾会污染水和土地。

土地开发

有时人们在建造商店和住宅时会改变自然区域。过去，人们排干湿地上的水，在上面盖房子。而湿地有助于净化水质，如果没有湿地，水质就难以得到净化。

人们还砍伐树木来制造木制品。如果森林被破坏，生活在其中的生物就会失去家园。缺少树根对土壤的固着，土壤就会流失。

人类砍伐树木来制造木制品。

人们把野葛从日本带到美国，它几乎能在所有东西上生长。

迷你实验

模拟污染

1. **观察** 观察一个煮熟的鸡蛋的壳，它是硬的还是软的？你认为鸡蛋为什么会有这样的壳？
2. **建立模型** 在一个大杯子里倒满醋，用这个模拟被污染的土地或水。把鸡蛋放进杯子里。

3. **观察** 一天之后观察鸡蛋，研究鸡蛋的外壳。你注意到鸡蛋或是蛋壳有什么不同吗？
4. **推理** 放入醋后，蛋壳还能保护鸡蛋吗？
5. **预测** 在被污染的土地或水域附近的鸡蛋会发生什么变化？

创造竞争

有时，人们会把新生物带到新环境中，这些新生物就可能因争夺有限的资源而破坏环境。例如，野葛被从日本带到美国，它们生长迅速，争夺着其他植物也需要的水和营养物质。

这些新生物在新环境中可能会因为没有动物食用它们而数量激增，如果发生这种情况，新生物就会泛滥成灾，耗尽环境中的大部分资源。

快速检测

预测 环境污染对动植物会有什么影响？

批判性思维 污染如何影响人们的生活？

这座房子是用玻璃瓶建造而成的。

人类如何保护环境？

人们可以从三方面保护环境，也就是"3R"：**节约（reduce）**、**重复利用（reuse）**和**循环利用（recycle）**。节约是指用更少的东西；重复利用是指再次使用某物；而循环利用就是指把旧的东西变成新的东西。当你践行"3R"时，你制造的垃圾会减少，污染也会减少。

人们也可以通过植树来改善环境。树木在很多方面都可以改善环境：树木净化空气，为动物提供家园；树木的根有助于防止土壤流失。植树可以美化环境、保护生态环境。

循环利用是保护环境的一种方式。

快速检测

预测 循环利用纸张是如何有助于保护环境的？

批判性思维 列出一些你认为可以重复利用的东西。

课后回顾

摘要

生物在满足自身需求的同时也在**改变环境**。

人类**改变环境**的程度比任何其他生物都要大。

人们可以通过践行“3R”来**保护环境**。

制作 折叠式学习卡

制作折叠式学习卡来总结本课关于环境和变化的知识。

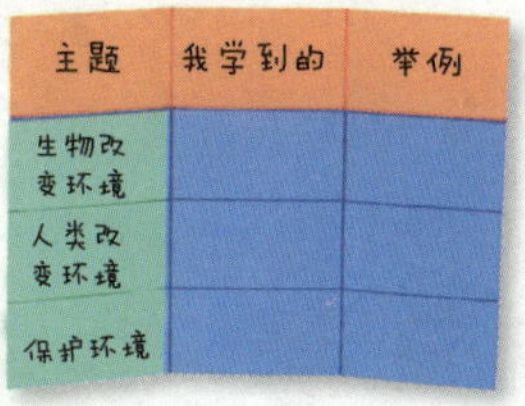

想一想，说一说，写一写

1. **词汇** 什么是竞争？

2. **预测** 如果人们不践行“3R”会发生什么？

我的预测	实际发生的

3. **批判性思维** 有哪些东西是你可以减少使用的？

4. **测试** 以下哪一项举措会破坏环境？
   A 循环利用。
   B 制造污染。
   C 重复利用。
   D 植树。

5. **基本问题** 人类和其他生物是如何影响环境的？

数学链接

制作条形图

记录下你一周内扔掉的纸张、金属、塑料和食物残渣。制作一个条形图来展示那周你扔掉了多少东西。

艺术链接

制作海报

制作一张关于如何保护环境的海报，加入你从这节课中学到的和你原来就知道的知识。

聚焦技能

探究技能：运用数字

美国平均每人每天至少产生 2 千克的垃圾！我们不能完全避免垃圾的产生，然而，我们可以通过践行“3R”来减少垃圾的数量。你听说过有关践行“3R”的宣传吗？用科学家常用的方法之一——运用数字记录数据来查明情况。

▶ 学习

当你运用数字时，你在用一种人们能清楚理解的方式来呈现数据。基本的数学技能，如计数和排序，能帮助你收集和组织信息。通常科学家通过提问或让人们填写调查问卷来收集和记录数据，然后他们整理数据，制作图表。这些，你也能做到。

▶ 尝试

在这个活动中，你将收集数据并运用数字来查明你学校的学生扔掉了多少垃圾。你无法调查整个学校，但你可以做一个小调查。

1. 选择五名学生进行问卷调查。
2. 问每个学生今天扔掉了多少午餐垃圾，询问其使用的容器，以及扔掉的东西里有没有可以被重复利用或循环利用的材料。

3 使用如下所示的表格来整理数据。

学生姓名	重复利用的垃圾数量	循环利用的垃圾数量	扔掉的垃圾数量	垃圾总量
总计				

现在运用数字来回答下列问题。

- 是不是每个学生都扔掉了一些垃圾?
- 大家循环利用了多少东西?重复利用了多少?
- 这五个学生一共制造了多少垃圾?

应用

运用数字把你的数据和你同学的数据结合起来。将每一列的数据相加以得到总数，然后画一个条形图来展示结果。

你预测这些学生明天会扔更多的垃圾还是更少的垃圾?设计另一项调查，然后运用数字来比较新的结果和你的第一个结果，就像科学家做的那样!

第 2 课

变化影响生物

看一看，想一想

植物需要雨水才能生长，但如果获得了过量的雨水，会怎么样？洪水对生物有什么影响？

探究活动

洪水是如何影响植物的？

做出假设

当植物获得了过多的水后会发生什么？写下你的假设。

验证假设

1. 给三盆相同的植物分别贴上 A、B 和 C 的标签。每周用 60 毫升水浇灌植物 A，每天用 60 毫升水浇灌植物 B，每天用 120 毫升水浇灌植物 C。
2. **预测** 哪盆植物会长得最高？写下你的预测。
3. **观察** 每隔几天观察你的植物，测量它们的高度，用文字和图片记录它们的样子。

得出结论

4. **解释数据** 植物随着时间会如何变化？哪盆植物长得最高？你认为哪盆植物是最健康的？
5. **推理** 洪水对植物有什么影响？

进一步探究

拓展实验 你的植物能从洪水中恢复吗？停止给植物C浇水一周，植物C会发生什么变化呢？

材 料

三盆相同的植物

量筒和水

尺子

读一读，学一学

基本问题

环境变化是如何影响生物的？

词汇

洪水

干旱

种群

群落

濒临灭绝

阅读技能

因果关系

原因	结果

使环境变化的方式有哪些？

我们已经介绍了某些生物是如何改变环境的。环境也可以通过其他方式被改变，自然灾害和疾病都可以改变环境。

洪水是一种自然灾害。河流、海洋、湖泊等水体上涨超过一定水位，威胁有关地区的安全，甚至造成灾害的水流就是**洪水**（flood）。暴雨和其他风暴会引起洪水。洪水会冲走土壤和植物，这会改变环境，导致动物失去栖息地。

干旱是洪水的反面。如果某一个地区长时间没有降水，这个地区就发生了**干旱**（drought）。没有雨水，河流和湖泊就会干涸，土壤也会变干。生物需要水才能生存，所以干旱会对生物造成伤害。

在干旱来临之前，这个地区是一个湖泊，许多生物曾经在这里安家。

火灾会破坏森林这样的自然环境。

▲森林火灾后，新的生命在生长。

干旱还会导致森林火灾。如果森林或草原的干燥地带被闪电击中，就会引发森林火灾。森林火灾会危害植物和许多动物的栖息地。大火冒出的浓烟会污染空气。

疾病也能改变环境，细菌、霉菌等都能引起疾病。有些疾病很容易传播且会伤害许多生物。例如，有时一棵树染病，整个森林都可能会毁灭。

这些玫瑰叶子上的黑斑是一种病害的症状。▼

快速检测

因果关系 什么会导致环境的突然变化？

批判性思维 生物能在自然灾害后重返家园吗？

真相 **森林火灾对有些植物是有帮助的。**

生物如何对变化作出反应?

环境变化会影响生物。例如，非洲的一些草原每年都会经历旱季。旱季时，植物和动物得到的水很少，水洼会干涸，青草会干枯，生物会用不同的方式来应对这些变化。

当环境变化时，一些生物会选择搬家——它们必须找到一个适宜的新栖息地。例如，大象迁徙是为了寻找水和草。

▲跳羚依赖水洼里的水生存。

有些生物调整自身以应对环境变化。捕食者可能会猎食不同的猎物，或者吃任何可以吃的东西。如果晚上更容易找到食物的话，一些动物也可能改为在晚上捕食。

还有的生物有适应能力，能帮助它们在变化中生存。有些青蛙和鱼发展出了在过于干燥的环境下钻进泥里的适应。它们会钻进泥里，进入深度睡眠，不吃东西。当环境好转，它们就会醒来。

不能长途旅行或做出改变的生物可能会死亡。如草原上的草，它们无法迁移到新的地方。若长期没有降水，这些草便开始干枯。如果干旱持续太久，它们就可能会死亡。

▲当面临干旱等生存压力时，许多青蛙会挖洞钻入地下。

快速检测

因果关系 什么样的环境变化可能导致动物迁移到另一个地方？

批判性思维 如果大象的栖息地突然变得太冷，会发生什么？

◀在旱季，这些非洲象会迁徙。它们会找到一个可以提供水、食物和栖所的新栖息地。

环境变化如何影响整个群落？

在美国中部草原的地下，有一个看不见的世界！这是一个复杂的隧道系统，正是土拨鼠（中文学名为草原犬鼠）建造了这些隧道并住在里面。

土拨鼠是草原上的一个种群。种群（population）是指生态系统中某种生物的所有成员。草原上所有的郊狼形成了另一个种群。

生态系统中的种群相互依赖。穴居猫头鹰和蛇会在土拨鼠留下的地道里安家；鹰和郊狼以土拨鼠为食。如果土拨鼠发生任何变化，整个群落都会受到影响。群落（community）是一个生态系统中所有种群的集合。

草原群落

有时，土拨鼠会受到疾病的侵害。如果疾病蔓延，会有大量土拨鼠死亡。以土拨鼠为食的动物会失去食物来源，穴居猫头鹰和蛇可能就会无法找到栖所。

土拨鼠数量的减少也可以帮助另一些生物：草可能会长得更高更密，其他食草动物可能会搬到这个地区来。

快速检测

因果关系 杀死土拨鼠的疾病会怎样影响住在附近的郊狼？

批判性思维 如果鹰离开生态系统，这会对土拨鼠有什么影响？

迷你实验

变化的生态系统

1. 制作五张角色卡片：土拨鼠、蛇、穴居猫头鹰、鹰和郊狼。

2. 把卡片粘在一张大纸上。
3. 从每一种动物身上引出一个箭头，指向它赖以生存的物种。
4. **推理** 如果土拨鼠消失了会发生什么？
5. **推理** 如果鹰消失了会发生什么？

读图

当土拨鼠离开草原生态系统时会发生什么？

线索 比较前后情况的变化。

生物是如何濒临灭绝的？

当环境发生变化时，生物必须迁移或适应新的环境才能存活。那些不能迁移或不能适应新环境的生物可能会濒临灭绝。当一种生物只剩下几只活着的同类时，它就**濒临灭绝（endangered）**了。

撒哈拉柏树正濒临灭绝，这是一种生长在撒哈拉沙漠山区的树。科学家认为撒哈拉柏树适合潮湿的气候，然而它们所处的环境已经变得十分干旱。撒哈拉柏树因为无法适应炎热干旱的气候而濒临灭绝。

生物濒临灭绝也可能是人类造成的。孟加拉虎因为人们过度捕杀而濒临灭绝；鲸头鹳因为栖息地被破坏和捕猎濒临灭绝。

▲人们对野生的龙血树实施了掠夺性采伐，龙血树濒临灭绝。

孟加拉虎因其皮毛而被猎杀。▼

快速检测

因果关系 是什么导致生物濒临灭绝？

批判性思维 人们如何保护濒临灭绝的生物？

课后回顾

摘要

自然灾害和疾病都是导致环境变化的原因。

环境变化影响生物，有些生物可能会搬家或自身做出调整。

一个种群的变化会影响其他生物。

制作 **折叠式学习卡**

制作折叠式学习卡来总结本课关于环境变化如何影响生物的知识。

想一想，说一说，写一写

1. **词汇** 濒临灭绝是什么意思？

2. **因果关系** 干旱有哪些影响？

原因	结果

3. **批判性思维** 人们建造房屋或耕种都会改变自然环境，这时要特别注意什么？为什么？说一说你的看法。

4. **测试** 下列选项中，哪一项不是自然灾害？
   A 森林火灾。
   B 洪水。
   C 霉病。
   D 干旱。

5. **基本问题** 环境变化是如何影响生物的？

写作链接

写一篇文章

了解一个最近正在发生变化的环境，列表写出导致环境变化的原因和结果，根据你的表格写一篇文章。

社会链接

火山研究

利用资料来研究一座活火山。火山的喷发是如何改变其周围环境的？制作海报或撰写报告来展示你的研究。

拯救树袋熊

我坚信拯救树袋熊是非常重要的，我们不能任其死亡。桉树林是树袋熊生活和觅食的地方，但长期以来人们都一直在砍伐桉树林以建造房屋。如今，森林正变得越来越小，树袋熊觅食也变得越来越困难。一种动物的死亡会对它身边的其他植物和动物造成伤害，这就是拯救树袋熊的重要原因。

提示

如何写出一篇能够说服他人的文章？

- ▶观点陈述清晰。
- ▶运用论据说服读者接受观点。
- ▶按照逻辑顺序组织论据。
- ▶使用“我相信”这类表示观点的说法。

树袋熊生活在澳大利亚，以桉树叶为食。▶

写作

说服性写作 选择一种你关心的濒危动物，深入调查这种动物为什么濒临灭绝。写一篇短文告诉大家拯救这种动物的必要性，务必要以一个有力的论点作结尾。

大数字减法

美洲鹤正濒临灭绝，野生美洲鹤已所剩无几。像许多濒危动物一样，美洲鹤受到了保护。这意味着人们不能再猎杀它们或破坏它们的栖息地。

如下表所示，一些生物在受保护的情况下数量在不断增长。

动物名称	初始计数年	初始数量	2005年统计情况
美洲鹤	1941	16	341
雪豹	1960	1000	6105
加州秃鹰	1986	17	200
大熊猫	1965	1000	1817
座头鲸	1966	20000	35105

提示

▶ 首先，进行个位数相减。如有必要可借位。

$$\begin{array}{r} 3\overset{3}{4}\overset{11}{1} \\ -\ \ 16 \\ \hline 5 \end{array}$$

▶ 然后，进行十位数相减。如有必要可借位。

$$\begin{array}{r} 3\overset{3}{4}1 \\ -\ \ 16 \\ \hline 25 \end{array}$$

▶ 继续进行计算直到你把所有位数上的数都相减完成。

$$\begin{array}{r} 341 \\ -\ \ 16 \\ \hline 325 \end{array}$$

实践

根据上表，算出每种动物在2005年的数量相比最初的数量增长了多少。

美洲鹤

第3课

古生物

看一看，想一想

图中的古生物学家正在发掘一处恐龙化石。恐龙生活在几亿年以前。通过观察这些化石，你能对过去有什么了解？

探究活动

化石如何为我们揭示过去？

材 料

量杯和水

胶水

彩色沙子

纸杯

充当“化石”的物品

刷子

目标

研究化石是如何帮助我们了解过去的。

活动步骤

1. 在量杯里混合少许胶水和水。
2. **建立模型** 往纸杯里倒浅浅的一层彩色沙子，加入一块“化石”，用相同颜色的沙子完全覆盖这个物品。加入一些水和胶水来给这一层定型。这一层模拟的是岩石中的化石。
3. 用不同的物品和不同颜色的沙子来重复步骤2，总共制作三层，让沙子自然风干。
4. **观察** 和另一组交换纸杯，小心地撕开纸杯，用刷子刷去沙子找到“化石”。先从最上面一层开始，依次往下。
5. **交流** 在表格中记录每个“化石”被发现时所在的位置。

步骤 4

步骤 5

	化石
上	
中	
下	

得出结论

6. **解释数据** 哪一个“化石”最先被埋没？哪一个最后被埋没？
7. **推理** 岩层可以告诉我们有关地球历史的哪些信息？

进一步探究

还有哪些方式可以模拟化石？设计一个实验并进行尝试。

读一读，学一学

基本问题
我们能从古生物身上了解什么？

词汇
化石
灭绝

阅读技能
得出结论

文章中的线索	结论

如果环境突然改变会导致什么？

你知道恐龙曾经生活在亚洲吗？数千万年前，霸王龙可能就在你现在居住的地方游荡！今天，恐龙只剩下化石。**化石（fossil）**是古代生物的残骸或遗迹埋藏在地下变成的跟石头一样的东西。

许多科学家认为恐龙是在很久以前一颗陨石撞击地球后灭绝的。当同类生物都死亡时，这种生物就**灭绝（extinct）**了。

像霸王龙这样的恐龙曾经在地球上漫游。▼

真相 大多数恐龙是食草动物。

恐龙灭绝之后，剑齿虎这样的大型动物来到亚洲安家。这些动物生活在一万多年前的冰川时期。那时候地球表面覆盖有大规模的冰川。后来，气候发生了变化，气温开始上升，冰开始融化。剑齿虎赖以为食的动物无法生存，它们失去了主要的食物来源。随着时间的推移，剑齿虎也灭绝了。

即使在今天，一些动植物仍在灭绝。一些科学家估计每天都有多达100种生物灭绝！1933年，一种叫作红瞪羚的哺乳动物灭绝了，原因是人类的过度猎杀。圣海伦娜橄榄树曾经生长在非洲海岸的一个岛上，由于干旱的天气和病害，它于2004年灭绝。

▲剑齿虎有巨大的獠牙，在面对皮糙肉厚的猎物时，这对獠牙是它的秘密武器。

快速检测

得出结论 生物灭绝的原因有哪些？

批判性思维 如果高温导致极地的冰融化，这对北极熊会有什么影响？

图中所示的圣海伦娜橄榄树于2004年灭绝。

我们怎样才能了解很久以前的事物?

你可以通过研究化石来了解很久以前的动植物。有些化石提供了关于某种生物大小和形状的线索。**霸王龙**的巨大化石告诉我们，这种动物大约有5米高。

化石也能告诉我们某种动物以何为食。尖牙动物可能是肉食动物，牙齿扁平的动物可能是草食动物。

其他化石可以告诉我们动物是如何运动的。一块有鳍的化石表明这种动物能在水中运动，有翅膀的化石表明这种动物能飞。

一种叫作巨齿鲨的古代鲨鱼用这颗牙齿刺穿鲸鱼。

猛犸象的扁平牙齿可以碾碎树叶和草。

◀ 这块翼手龙化石表明，古代爬行动物可能与现代鸟类有关。

科学家还利用化石来查明地球和生物是如何随着时间的推移而变化的。有许多鱼类化石在陆地上被发现。这意味着数百万年前，那片土地曾被水覆盖。随着时间的推移，陆地浮出水面，鱼类化石就保存在昔日水下的岩石和土壤中。

化石的埋藏深度提供了生物生存时间的线索，离地表最近的化石通常是最年轻的，在更深层发现的化石一般更古老。

快速检测

得出结论 有鳍的化石能告诉你什么信息？

批判性思维 你认为科学家为什么要研究化石？

植物化石可以帮助我们了解这棵植物曾经生长的环境。

迷你实验

化石奥秘

1. **建立模型** 选择一种你最喜欢的动物，根据下表用黏土为你的动物制作“化石标记”。

如果你的动物是……	就把黏土捏成……
哺乳动物	圆形
鸟类	正方形
两栖动物	长方形
爬行动物	三角形
鱼	五边形

2. 根据下表制作更多的“化石标记”。

如果你的动物……	就在黏土上做出……
生活在水里	鳍
生活在陆地上	脚
生活在水中和陆地上	鳍和脚
是一种肉食动物	尖牙
是一种草食动物	扁平的牙
是一种杂食动物	尖牙和扁平的牙

3. 和你的同伴交换制作出的“化石标记”。
4. **推理** 从你同伴制作的“化石标记”中，你能了解到什么信息？科学家如何利用化石来了解已经灭绝的动物？

今天的生物和很久以前的生物有什么相似之处?

猛犸象在几千年前就灭绝了。化石告诉我们，它有巨大的鼻子和象牙。然而，化石不能告诉我们这种动物是如何使用它身体的各个部位的。相反，科学家通过研究现在仍在繁衍生息的类似动物来了解古代动物。

大象与猛犸象相似。大象用鼻子来抓东西和闻气味。因此，科学家认为猛犸象应该也以类似的方式使用它的鼻子。

现今地球上生活着许多看起来与很久很久以前就灭绝了的生物相似的生物。有些现代鸟类与古代爬行动物相似，鹰看起来很像会飞的爬行动物翼龙。翼龙的翼展很长，喙很大。科学家认为翼龙就像老鹰一样用喙和爪子抓鱼!

与过去的联系

读　图

猛犸象和大象有什么相似之处?有什么不同之处?

线索　比较上图两种动物的特征。

快速检测

得出结论　为什么当科学家想要更多地了解猛犸象时，他们要研究大象?

批判性思维　过去的生物与现在的生物有什么相似之处?

课后回顾

摘要

	当环境突然发生变化时，生物就可能会灭绝。
	化石告诉我们有关过去的生物和环境的信息。
	人们可以通过研究现在的生物来了解已经灭绝的生物。

制作 **折叠式学习卡**

制作折叠式学习卡来总结本课关于古生物的内容。

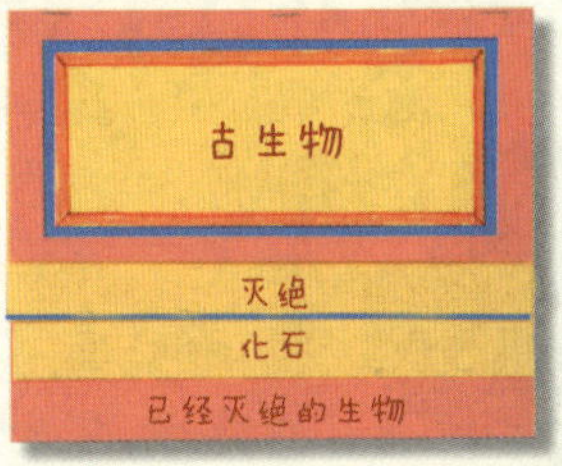

想一想，说一说，写一写

1. **词汇** 什么是化石？

2. **得出结论** 导致动物灭绝的原因可能有哪些？

文章中的线索	结论

3. **批判性思** 为什么科学家要研究化石？

4. **测试** 化石有什么共同点？
   A 是生物。
   B 只能在寒冷的地方发现。
   C 是生物的残骸。
   D 是几百万年前创造的。

5. **基本问题** 我们能从古生物身上了解什么？

写作链接

撰写报告

利用资料来研究猛犸象：它们生活在什么时候？当时它们生存的环境是怎么样的？写一份报告来分享你的研究。

数学链接

估计

在某岩层的底部发现了一块已有4亿年历史的蕨类植物化石，岩层顶部有一块3亿年前的蕨类植物化石，岩层中间有一块蝎子化石。请你估算一下这块蝎子化石可能形成于什么时间。

了解恐龙

恐龙曾经在地球上随处可见，然而在数千百万年前的一段很短的时间内却灭绝了。新的证据正在帮助科学家查明恐龙当时是怎样生活的，以及它们突然灭绝的原因。让我们来了解一下，关于恐龙的观点是如何随着新证据的发现而改变的。

恐龙的命名

1842 年，英国科学家理查德·欧文将这群灭绝的大型爬行动物命名为“恐龙”。这个名字来自希腊语，意思是“可怕的大蜥蜴”。人们曾经认为恐龙奇怪的骨头来自龙或巨人。

恐龙巢穴的发现

1923 年，美国科学家罗伊·查普曼和沃尔特·格兰杰在亚洲戈壁沙漠发现了恐龙巢穴。这些巢穴证明恐龙产卵。

恐龙的尾巴不拖地

1995 年，美国自然历史博物馆改变了它的霸王龙骨架。新骨骼不是直立的，而是低着头、尾巴离地的样子。这是基于对化石、恐龙足迹以及不同动物运动方式的研究而做出的改变。

AMERICAN MUSEUM OF NATURAL HISTORY

事实和观点

- 事实是你能证明的真实陈述。
- 观点是你对某事的看法。

恐龙有羽毛

2000 年，一个中美科学家小组发现了一块完整的、全身长满羽毛的恐龙化石，上面覆盖着羽毛，是世界上首次发现整个身体完全披覆羽毛的恐龙。现在大多数科学家都认为鸟类是恐龙的后代。

2000

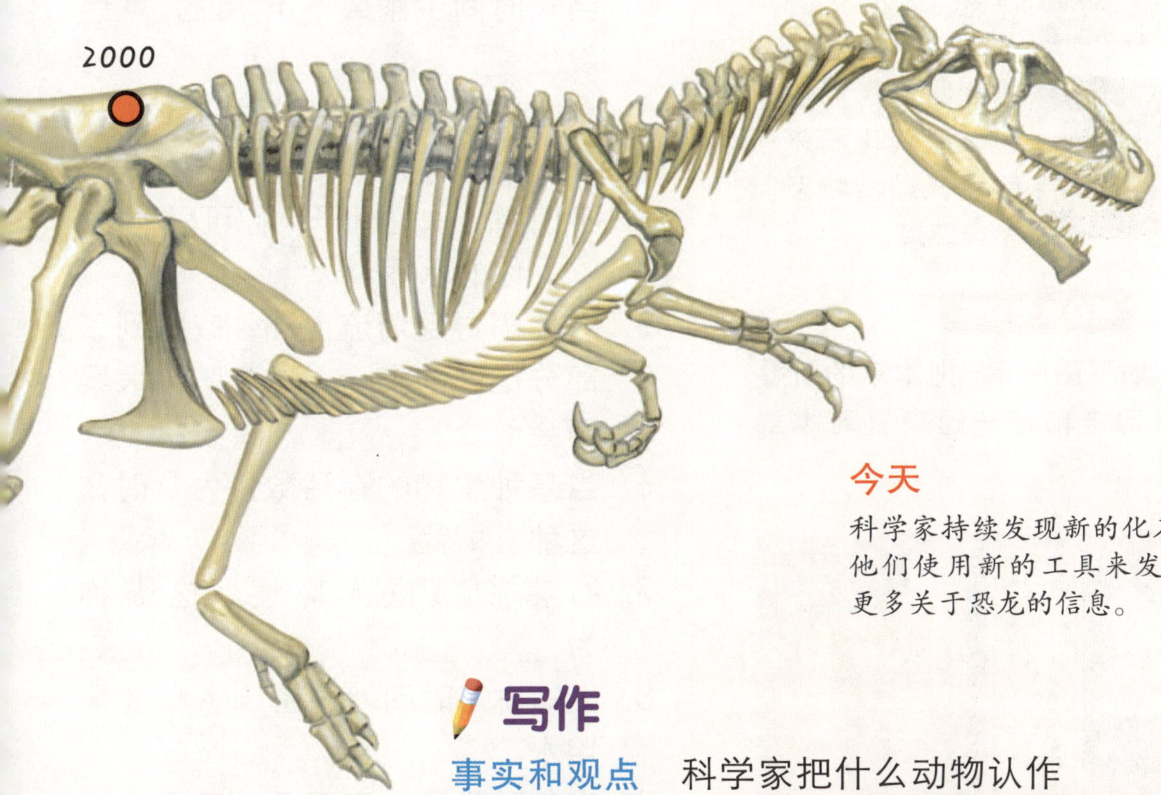

今天

科学家持续发现新的化石，他们使用新的工具来发现更多关于恐龙的信息。

写作

事实和观点　科学家把什么动物认作是恐龙的后代？为什么科学家会这样认为？你认为恐龙像哪种动物？

第2章 复习和测试

摘要

第 1 课　生物在满足自身需求的同时也在改变环境。这些变化可能是有益的，也可能是有害的。

第 2 课　疾病和自然灾害会改变环境。生物采取不同的方式应对这些变化。

第 3 课　我们可以通过研究化石来了解古代动植物及其生存环境。

制作 **折叠式学习卡**

如下图所示，把本章的折叠式学习卡粘在一起来复习本章内容。

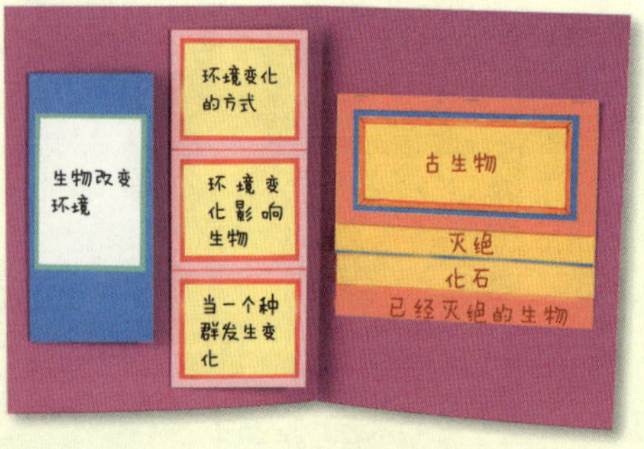

词　汇

DOK 1

用下列词语填空。

干旱	污染
濒临灭绝	循环利用
灭绝	节约
洪水	资源
化石	重复利用

1. 我们可以购买一些用________的塑料瓶制作的塑料凳。
2. 当长时间少雨或不下雨时，就会发生________。
3. 食物是生物赖以生存的一种________。
4. 不使用一次性杯子，你可以________你的水瓶。
5. 大暴雨导致河流上涨，威胁到了部分地区的安全，这意味着大暴雨会引发________。
6. 当某种生物的存活数量为 0 时，这种生物就________了。
7. 有害物质进入环境，这被称为________。
8. 缩短淋浴时间就是在________用水。
9. 当某种生物的数量只剩下几个的时候，这种生物就________了。
10. 科学家可以利用________来了解古生物。

科学技能和科学概念

DOK 2-3

回答下列问题。

11. 预测　砍伐雨林中的树木会如何影响生活在那里的人们？

12. 说服性写作　写一则广告动员人们参观博物馆的化石展览，要求广告中需要说明化石为何重要。

13. 运用数字　1963 年，美国只有 417 对白尾海雕，2008 年有 9789 对。请问 2008 年比 1963 年多了多少对？

14. 批判性思维　红雀生活在森林里。如果火灾烧毁了红雀的森林栖息地，会对它们有什么影响？

15. 批判性思维　你家附近的植物是如何争夺资源的？

16. 推理　本地一座公园里发现了一块海洋植物化石，这意味着什么？

17. 这块化石像哪种现代动物？这两种动物有什么共同的特征？

18. 肉食动物是什么？

    A 捕食其他动物的动物。

    B 被其他动物捕食的动物。

    C 以植物为食的动物。

    D 只以化石的形式存在的动物。

19. **判断正误**　新生物被引入到环境中可能对其他生物有害。这个说法是对的还是错的？说明原因。

大概念

20. 变化如何影响生物及其环境？

表现性评价

DOK 2

节约卡片

- 根据“3R”制作三张卡片来展示人们能够如何保护环境。
- 在每张卡片的顶部写上“节约”“重复利用”或“循环利用”，在下面写一个有助于人们节约资源的方法，并画一张示意图来说明你的方法如何奏效。
- 在卡片的背面，解释你的方法是怎么帮助保护环境的。

测试

1 要对古生物有更多了解，应比较下列哪一选项的动物？

DOK 1

A 狼和老虎。

B 蜂鸟和鹰。

C 大象和猛犸象。

D 青蛙和蜥蜴。

2 如果将土拨鼠从草原生态系统中去除，最有可能发生什么？

DOK 2

A 老鼠会有更多的栖息地。

B 郊狼会有更多的食物。

C 鹰会有更多的食物。

D 草将会灭绝。

3 下面的化石是在本地的一个公园里发现的。根据这个发现，你能推测出什么？

DOK 2

A 这化石过去曾被人丢失过。

B 公园过去曾经在水下。

C 化石很难找到。

D 古代的鱼与现代的鱼不同。

4 大约500万年前，有一种犀牛生活在美国。下列哪种物品可以帮助科学家从过去中了解这种动物？

DOK1

A 植物。

B 化石。

C 矿物质。

D 岩石。

5 导致干旱的原因是什么？

DOK 1

A 疾病。

B 森林火灾。

C 很久不下雨。

D 大雨和其他风暴。

6 洪水如何改变环境？

DOK 1

A 它可以冲走植物和土壤。

B 它能使植物快速生长。

C 它可以导致河流和湖泊干涸。

D 它可以引起森林火灾。

7 看下面这只鹿。下列哪种生物最有可能与鹿争夺食物？

DOK 2

A 蝙蝠。　B 猫头鹰。

C 灌木。　D 其他鹿。

8 下列哪个词更适合被用来描述在更深岩层中发现的化石？

DOK 1

A 更大。　B 形成更早。

C 更小。　D 形成更晚。

9 下列哪种情况最有可能导致生物灭绝？

DOK 2

A 失去栖息地。

B 肉食动物的消失。

C 栖息地面积的增加。

D 增加资源。

10 在热带雨林中，一些树木刚刚被砍伐，与砍伐前相比，改变后的生态系统将会如何变化？

DOK 2

11 有时人们把新的植物或动物带到一个新的环境中，你觉得新生物会如何影响新环境中的其他生物？

DOK 2

12 描述干旱会如何影响植物和动物。哪些生物在干旱时期会有更好的生存机会？

DOK 2

检　查

问题	对应页码	问题	对应页码
1	96	7	70～71
2	84～85	8	95
3	94～95	9	70～73，80～86，92～93
4	94～95	10	70～72
5	80～81	11	73
6	80～81	12	80～83

野生生物管理员

你喜欢了解植物和动物吗？你想要帮助维护自然环境的洁净和健康吗？或许有一天你会成为一名野生生物管理员。

野生生物管理员救助野生动物，并帮助维护它们生存的环境。他们在野生动物保护区等地追踪记录植物、动物生长生活的情况，想方设法保护它们。他们还会教人们关于野生生物的知识，以及为什么保护环境很重要。

要成为一名野生生物管理员，你必须关心环境、关心生物，高中和大学选择理科方向学习，你还可能需要一个生物学或环境科学领域的学士学位。

更多相关职业

- 动物救援人员
- 园艺师
- 护林员

▲野生生物管理员在测量一只大斑啄木鸟的喙。

▲野生生物管理员可以通过在野鹿身上安装卫星跟踪项圈来记录其生活的轨迹。

《科学启蒙（第二版）》版权声明

科学启蒙（第二版）生态系统 ③

McGraw-Hill Education
Science A Closer Look
Ecosystems
978-0-02-136122-9

浙江省版权局著作权合同登记号：11-2018-537

图书在版编目（C I P）数据

科学启蒙 ：第二版. 生态系统. ③ / (美) 杰伊·哈克特等著 ；张俊等译. -- 杭州 ：浙江教育出版社，2019.12(2022.8重印)
ISBN 978-7-5536-9759-8

Ⅰ. ①科… Ⅱ. ①杰… ②张… Ⅲ. ①科学知识一少年读物②生态系一少年读物 Ⅳ. ①Z228.1②Q147-49

中国版本图书馆CIP数据核字(2019)第274269号

科学启蒙（第二版）
KEXUE QIMENG (DI ER BAN)
生态系统 ③
SHENGTAIXITONG 3

出版发行 浙江教育出版社（杭州市天目山路40号 电话：0571-85170300-80928）
原 著 名 SCIENCE A CLOSER LOOK
ECOSYSTEMS
翻　　译 张　俊　邓小耶　应宇峰
审　　定 郝京华
图片来源 海洛创意
责任编辑 徐荆舒
封面设计 韩　波
责任校对 沈子清
责任印务 沈久凌

图文制作 杭州兴邦电子印务有限公司
印　　刷 杭州富春印务有限公司
开　　本 787mm×960mm 1/16
印　　张 7.25
字　　数 145 000
版　　次 2019年12月第1版
印　　次 2022年8月第4次印刷
标准书号 ISBN 978-7-5536-9759-8
定　　价 28.00元